나는 왜
호오포노포노가
안 되는 걸까?

이영현
지 음

나는 왜 호오포노포노가 안 되는 걸까?

천사들이 들려주는 이야기 _ 세 번째 시리즈

"나는 왜 행복하지 않은 걸까?"

맨츠
BOOK

2008년《호오포노포노의 비밀》이라는 책 한 권을 접하게 됐습니다. 수많은 자기계발서 중 하나라고 생각했던 그 책 한 권은 지금 돌이켜보면 엄청난 파동으로 제 인생을 흔들어놓았던 것 같습니다.

'절대로 내 인생에 희망은 없어. 난 평생 이렇게 어둡고 답답한 채로 살다가 죽게 될 거야…'
그 당시 매일같이 했던 생각들입니다.
그 고질적인 생각의 늪에 빠져 살던 제가 생소하기 그지없던 '호오포노포노'란 것을 실천하게 되면서, 이성적으로는 설명할 수 없는 수많은 신비한 경험들을 하게 됐고… 그 경험들이 다시 한번 신비한 과정을 거쳐 2016년 저의 첫 책으로까지 출간됐습니다.
그리고 그 후로도 신비하다고밖에 표현할 수 없는 그 흐름은 멈추고 않고 계속 제 인생을 이끌었습니다.
그 흐름 속에서, 정말 지극히 평범한 제가 '정화와 소통'이라는 개념으로 워크숍까지 진행하게 됐습니다.

이 모든 것을 다시 돌이켜봐도 그저 기적의 에너지를 따라왔다는 생각밖에는 들지 않습니다.
목표를 세운 적도 없었고, 애쓰지도 않았고, 욕심을 부리지도 않았는데 어느 날부터인가 마치 누군가가 만들어놓은 길을 그대로 따라가는 느낌으로 여기까지 오게 됐던 것 같습니다.

변화 과정 중에 제가 했던 것이라고는 오랜 시간 '호오포노포노'의 개념을 한 번도 놓은 적이 없다는 것 하나였습니다.
다만 '호오포노포노'의 추상적인 개념을 내 인생 깊숙이 넣어 온전히 내 것으로 만드는 과정에서, 저에게 맞는 체계를 잡아나갔습니다.
그리고 그 경험담들과 정보들이 지금의 '정화와 소통' 워크숍으로 이어지게 됐습니다.

이 책은 저의 네 번째 책입니다.
'호오포노포노'를 통해 체험했던 신비한 경험담들을 그대로 옮긴 《내 인생의 호오포노포노》,
'호오포노포노'의 기본 개념을 바탕으로 더해진 '정화와 소통'을 상세하게 다룬 《내 인생의 날개를 펼쳐라》,
마지막으로 일상에서 아이들을 어떻게 정화해야 하는지에 대해 이야기한 《내 아이를 위한 정화》라는 책이 있습니다.
그리고 본 책은 앞선 세 권의 책에서 다룬 내용이 자연스럽게 연결되며 이어집니다.

물론 저의 이전 책들을 읽지 않은 분이라 하더라도, 또는 '호오포노포노'를 전혀 모르는 분이라 하더라도, 제가 전하고자 하는 메시지를 이 책만으로 이해하는 데는 어려움이 없을 것입니다.
만약 이해가 안 되는 부분이 있다면 그리고 그 부분에 대해 조금 더 자세히 알고 싶다면, 앞에서 소개해드린 책들을 참고하시면 도움이 될 것입니다.

그리고 앞선 책들을 충분히 읽은 다음 이 책으로 오신 분들이라면, 이번 책의 내용이 《내 인생의 호오포노포노》보다는 덜 난해하고 《내 인생의 날개를 펼쳐라》보다는 더 쉽다는 것에 만족하실 것입니다.

이 책에서 자주 언급되는 '잠재의식', '케오라', '심층의식'이라는 단어에 대한 간단한 설명은 다음과 같습니다.

'케오라'는 저의 잠재의식의 이름입니다.
제가 말하는 잠재의식은 '호오포노포노'에서 말하는 내면의 아이인 '우니히피리'라는 존재하고는 전혀 다릅니다.
'정화와 소통'의 개념은 '호오포노포노'의 내면구조와 다른 점이 있는데, 그중에서 가장 큰 차이가 바로 '잠재의식'이라는 부분일 것입니다.
제가 정화를 하면서 만나게 된 저의 '케오라'는 기억을 넘어선 순수한 영역에 있는 존재였으며 우리가 흔히 생각하는 신성에 가까운 '상위자아'였습니다.

"신성은 결코 우리 안에 있을 수 없어. 어딘가에 절대적이고 유일한 신만이 있을 뿐이야."라고 생각하는 분이 있다면 이런 식으로 해석해도 좋습니다.
절대적인 신의 에너지를, 그 빛을 온전히 왜곡 없이 그리고 오염 없이 받는 영역이 바로 우리 안의 '잠재의식'이라는 영역이라고요.
잠재의식에 대한 이야기는 이 책의 본문 중에 더 자세히 언급될 것입니다.

수많은 생을 반복하면서 쌓아왔던 기억들이 겹겹이 쌓여 카르마를 만들어내고, 인생을 좌지우지하는 깊은 신념을 만들어내고, 외부의 행동과 말을 결정짓는 수많은 생각과 감정들, 그리고 그것을 뛰어넘어 물질적인 경험 자체를 만들어버리는 거대한 나의 프로그램의 그 영역이 바로 '심층의식'이라는 영역입니다.
이 부분에 대한 내부 마인드 모델의 구조는 앞선 책,《내 인생의 날개를 펼쳐라》에 상세하게 나와 있습니다.

그리고 이 책에서는 4년 동안의 '정화와 소통' 워크숍을 통해 만나게 된 많은 인연의 이야기를 다루고 있습니다.
그들의 순수한 잠재의식과 교감하며 느꼈던, 너무나 멋진 메시지들을 함께 공유하고자 합니다.
'천사들이 들려주는 이야기'의 전체 시리즈에서 '사람 편' 정도라고 생각하면 될 것 같습니다.

늘 그렇듯 이 책은 저의 '현재의식'만으로 쓴 것은 아닙니다.
다음 책을 준비한 적도 없었고 써야겠다는 계획도 전혀 없던 어느 날, 마치 당연한 일인 것처럼 노트북 앞에 앉아 순식간에 긴 글이 완성됐습니다.
이미 이 책은 완성돼있었고 저는 그저 그것을 물질로 옮겨놓았을 뿐입니다.
아주 편안하게 그리고 고요하게 말입니다.

그리고 제 책이 다 그렇듯, 이 책 또한 이성적이지 않고 전혀 논리적이지도 않습니다.
머리로 읽다 보면 '무슨 말도 안 되는 소리야!!'라며 당장 책을 덮어버리게 될지도 모릅니다.
하지만 이해하겠다는 생각의 힘을 빼고, 마음으로 가볍게 읽다 보면 자신도 모르는 사이 가슴을 울리는 메시지가 깊게 새겨질 것입니다.

** 이 책에서는 '호오포노포노'에 대한 개념은 자세히 다루고 있지 않습니다. '호오포노포노'에 대한 정식 개념을 알고자 하시는 분들은 '이하레아카라 휴 렌' 박사님의 저서들을 참고하시기 바랍니다. **

요즘 뉴스를 보고 있노라면 참 우울해집니다.

매일같이 이어지는 끔찍한 범죄들을 보면서 불안하고, 주변국들은 만만한 듯 늘 우리나라만 걸고넘어지니 억울하고, 세계 곳곳에서 터지고 있는 분란에 혼란스럽고…

결코 이해할 수 없는 사람들의 행동들이 넘쳐나고, 결코 이해할 수 없는 이기심이 끝없는 분란을 가중하고, 그 속에서 결코 이해할 수 없는 고통을 받게 되는 수많은 인류가 또 넘쳐나고…

제 눈앞에 펼쳐지는 지금의 세상은 마치 고삐 풀린 망아지처럼 위태롭고 어지럽게 보입니다.

사실 그럴 수밖에 없는 이유가, 몇 해 전부터 우리 지구에는 눈에 보이지 않는 엄청난 정화의 에너지가 쏟아지고 있습니다.

억겁의 세월 동안 인류가 뿌려왔던 부정적인 에너지를 고스란히 흡수하고 있었던 이 지구가 더 이상은 버틸 수 없는 시기가 온 것입니다.

그래서 지구는 스스로 청소하고 정화하기를 선택한 듯합니다.

지구의 내부로부터 청소를 위한 깨끗한 물, 정화의 에너지가 쏟아져 나오고 있습니다.

그럼 세상은 어떻게 되는 걸까요.

그 물에 휩쓸려 강제적인 청소가 이뤄지기 시작합니다.

그리고 이 청소 작업은 앞으로 수십 년에 걸쳐 서서히 완성돼갈 것입니다.

지구 곳곳에 서려 있던 묵은 부정적인 에너지들이 때를 만난 듯 더 강렬하게 모습을 드러내고, 격렬한 과정을 거쳐 서서히 정리될 것입니다.

그리고 우리는 그 혼란의 시대 속에 있습니다.

더 이상은 스스로 속일 수가 없습니다.

내 안에 숨겨져 있던 잔인한 이기심, 부정적인 기억과 감정들, 억압, 억울함 등 그동안 잘 관리해온 듯했던 수많은 자원이 더 이상은 지구에서 쏟아내는 에너지를 이기지 못하고 저절로 터져 나오게 될 것입니다.

멀쩡했던 사람이 별일 아닌 시비 끝에 끔찍한 살인을 저지르고,

적당히 잘 살아왔던 사람이 어느 날 갑작스럽게 억울한 일에 직면하게 되고, 그럴듯하게 잘 포장해오던 사람의 이기심이 이제는 그 모습을 적나라하게 드러내고…

결국은 다음 생으로까지 묵혀둘 것 없이 내면의 오랜 기억들이 다 나오게 되는 것입니다.

눈 깜짝할 사이에 피해자가 되고, 눈 깜짝할 사이에 가해자가 됩니다.

남의 이야기가 아닙니다. 수백 년 묵은 우리의 기억이 언제 어떤 모습으로 드러날지 모르니까요.

저는 이런 세상을 보면서 왜 내가 이 시기에 '정화와 소통'이라는 길에 들어서게 됐는지를 다시 한번 확신했습니다.

지금은 어느 때보다 '정화와 소통'이 절실합니다.

자연과 지구의 에너지는 우리가 생각하는 것보다 훨씬 강력합니다.

눈에 보이지 않는다고 또는 귀찮다고 이 흐름을 무시해버리면 결국 지구의 정화 흐름에 휩쓸려가게 됩니다.

하지만 그 반대가 될 수도 있습니다.
강제적으로 청소를 당하는 것이 아니라 내가 깨어나서 스스로 나를 청소하기 시작하면 지구는 그 자발성에 엄청난 지지를 보내줄 것입니다.
조금 더 수월할 수 있게 그리고 정화의 과정에서 다치는 일 없이 또한 누구에게 해를 주는 일 없이 최대한 부드럽게 잘 마무리를 지어나갈 수 있도록, 지구가 큰 힘을 보태줄 것입니다.

어찌 보면 참 '무서운 시대'이고 또 어찌 보면 참 '유리한 시대'입니다.
결국 나도 모르고 살아왔던 내면의 카르마가 어느 날 툭 하고 튀어나와 나를 괴롭히거나,
아니면 그 어느 때보다 빠르고 신속하게 카르마를 정리해나가거나…
그중 하나입니다.
정신 놓고 있다가 나도 모르게 휩쓸려 떠내려가거나,
정신 차리고 스스로 정화하면서 더욱 크게 진화하거나… 그중 하나입니다.
참 '극단적인 시대'입니다.

20세기 가장 화제가 됐던 예언가 '에드가 케이시'는 "동시대를 사는 인류에게는 공동의 카르마가 있다"라고 했습니다.
그 말이 맞다면 지금의 시대를 사는 우리 인류에게는 이런 공동의 숙제가 주어져 있는 것입니다.
지구의 정화 흐름에 동참할 것인가, 끝까지 외면하다가 파멸할 것인가…

난해하고 어려우신가요?

이 책을 읽고 마지막 장을 덮을 때쯤 다들 알게 되실 것입니다.

정화는 생각보다 훨씬 쉽다는 것을 말입니다.

신과 이 지구는… 그리고 우리의 잠재의식은,

결코 우리에게 어려운 것을 하라고 하지 않습니다.

또한 '정화'라는 개념을 반드시 저라는 사람을 통해 알아야 할 필요가 없다는 것도 알게 되실 것입니다.

나의 내면을 청소한다는 이 개념은 너무나 흔한 개념이니 말입니다.

그리고 실은 '정화'라는 단어만 생소할 뿐이지 이미 자신의 방식으로 정화를 잘하고 살아온 독자도 많을 것입니다.

중요한 핵심은 이것입니다.

왜 이 시점에 이 책이 내 손에 들어온 것인가를 스스로 알아차리는 것.

여러분의 잠재의식이 강력하게 정화의 흐름으로 들어가기를 바라고 있다는 것을 알아차린다면 저라는 사람은 과감하게 잊어버리셔도 좋습니다.

목차

'나는 왜 호오포노포노가 안 되는 걸까?'

"선생님, 왜 저한테는 호오포노포노가 어렵기만 할까요?"
"남들은 쉽게 하는 거 같은데 왜 저는 호오포노포노가 안 될까요?"
"호오포노포노를 실천한 지 오래됐지만 달라진 것이 없어요. 뭐가 잘못
된 걸까요?"

위의 질문들은 '정화와 소통' 워크숍을 진행하면서 또는 제가 운영하는
블로그와 메일을 통해 가장 많이 받는 질문들입니다.
다음은 그러한 호오포노포노 관련 질문들에 대한 저의 대답들입니다.
물론 이 대답들이 호오포노포노에 대한 정답은 결코 될 수 없습니다.
호오포노포노의 개념으로 긴 시간 일상생활 속에서 정화를 체화하는
과정 중에 제가 느낀 것들을 주관적으로 소개해드리는 것입니다.

'호오포노포노'는 하와이의 전통적인 문제해결법입니다. 휴 렌 박사님
과 그의 스승이신 모르나 여사께서 이를 현대식으로 '셀프아이덴티티'
라는 쉽고 이해하기 좋은 체계를 잡아서 대중화하셨지만, 그리고 여전
히 '호오포노포노'라는 개념은 상당히 매력 있고 강력한 그 무엇이 있
음에도 불구하고 온전히 이해하고 체화하는 데 추상적인 부분이 많이
존재하고 있습니다.
그래서 많은 분이, 강렬한 끌림으로 시작했다가 중도에 포기하거나 체
화하지 못한 채로 겉만 빙빙 돌며 실제로 효과를 보지 못한다고 하소연
을 하십니다.
무엇보다 호오포노포노 자체가 외국에서 넘어온 개념이고 현재도 관련

정식 세미나가 외국 강사를 통해 진행되고 있는 점에서, 우리나라에서 쉽게 호오포노포노에 대한 전문적인 답을 구하기가 쉽지는 않은 형편입니다.

저 또한 이 책에서 다루고 있는 것들은 호오포노포노를 실천하는 과정에서 제 식으로 체화하고 해석한 부분이 많습니다.

그러므로 호오포노포노에 대한 정식 개념을 배우고 싶으신 분들께는 제 글이 도움이 되지 않을 것입니다. 다만 호오포노포노라는 개념으로 시작해 일상의 문제해결, 행복, 평화를 찾고자 헤매고 계신 독자분들이 계신다면 조금이나마 참고해 도움이 되기를 바랍니다.

> ⑦ 왜 미용고사를 열심히 하고 있는데도 문제 해결이 되지 않을까요? 오히려 집착만 심해져서 힘들어요.
> ① 미용고사 : 미안합니다. 용서하세요. 고맙습니다. 사랑합니다. 호오포노포노의 대표적인 정화법입니다.

특정 문제를 정해놓고 미용고사를 하게 될 때, 미용고사의 순수한 정화의 에너지는 쉽게 왜곡될 수 있습니다.

우리의 현재의식은 내 안에서 나오는 에너지의 성질을 정확하게 확인할 수가 없습니다.

나는 긍정적인 목적으로 그 문제를 해결하기 위해 미용고사를 하고 있지만 사실 그 속에는 내가 인식하지 못하고 있는 수많은 에너지가 함께 실리게 됩니다.

'그 문제 때문에 너무 힘들어.', '그 문제가 해결되지 않으면 난 불행해질 거야.' 등의 부정적인 생각으로부터 나오는 에너지.

'해결되지 않으면 어떻게 하지?' 등의 불안함.

'언제? 도대체 언제까지 기다려야 해? 미용고사를 얼마나 더 해야 하는 거야?' 등의 기대와 실망감.

'이 문제를 해결할 때까지 반드시 해야지!' 등의 집착과 의무감.

나도 알지 못했던 불편한 내면의 진실들이 쏟아져 나와서 미용고사에 실리게 됩니다.
그러니 그 문제를 둘러싼 미용고사는 껍데기만 그럴싸한 아름다운 말이지 알맹이는 온통 부정적인 에너지들로 가득 차 있게 되는 것입니다.
이런 경우 그 문제에 대한 집착이 커지는 것은 물론, 그것에 부정적인 에너지가 더해져서 오히려 문제의 덩치가 더 커지고 심각해지는 경우가 생길 수도 있습니다.

미용고사의 관건은 얼마나 그 순수한 에너지를 그대로 살리느냐에 있습니다.
물론 특정 문제를 놓고 미용고사를 하며 해결을 잘하시는 분들도 계실 것입니다.
하지만 내가 아무리 미용고사를 해도 문제가 해결되지 않는다면 미용고사를 하는 내 마음을 다시 한번 돌아보시기 바랍니다.

그리고 그 문제를 해결하기 위해 미용고사를 하는 것이 아니라 그 문제를 붙잡고 있느라 지쳐있는 내 마음의 휴식을 위해 즐겁고 가벼운 마음으로 미용고사를 하시기 바랍니다.
그럴 때 왜곡되지 않은 미용고사의 순수한 에너지가 그 문제를 해결하게 됩니다.
더 정확하게 표현하자면 미용고사의 에너지가 요동치는 내 마음을 고요하게 진정시킬 때, 그 여유와 공간 속에서 순수한 에너지(신성, 잠재의식)가 문제를 해결하게 되는 것입니다.

> ? 다른 사람들은 우니히피리를 다들 잘 만나는데 저는 왜 좀처럼 나의 우니히피리를 만날 수가 없는 걸까요? 정화가 부족해서일까요?
>
> ⓐ 우니히피리 : 호오포노포노에서 말하는, '나'를 이루는 내면의 구조 중에서 기억을 관리하고 담당하는 내면 아이입니다.

사실 대부분 내면의 우니히피리를 잘 만나고 못 만나는 것은 내적 상상력의 차이에 있습니다.

정화의 경지나 단계가 달라서 누군가는 우니히피리를 잘 만나고 나는 못 만나고 하는 것은 아닙니다.

내적 경험을 하는 데 있어 시각적인 상상을 유독 잘하는 사람들이 있고, 반면 시각적인 상상이 아니라 그냥 생각과 같은 느낌으로써 내적 경험을 하는 사람들도 있습니다.

그런 경우 아이의 형상을 시각적으로 떠올리는 것이 어려울 수도 있습니다.

그리고 또 한 가지는 우니히피리에 대한 기대감이 커서 그럴 수도 있습니다.

그냥 쉽고 단순하게 접근해보세요.

우니히피리는 어느 날 나에게 찾아오는 요정 같은 존재가 아닙니다. 나의 과거 기억을 대변하고 있는 내면의 아이입니다.

우니히피리를 만날 수 있는 쉬운 방법 중 한 가지는 내 어릴 적 모습을 떠올려보는 것입니다.

우리가 내 아이나 조카, 또는 옆집 아이의 모습을 마음만 먹으면 떠올릴 수 있는 것처럼, 똑같이 내 과거의 어릴 적 모습도 떠올려보세요.

시각적 상상이 잘 안 되는 분이라도 이 정도는 어렵지 않게 떠올릴 수 있을 것입니다.

그리고 이럴 때 사람들은 각각 다른 아이의 모습을 떠올리게 됩니다.
어떤 사람은 즐거워하고 있는 나의 어린 시절 모습을 떠올리기도 하고
또 어떤 사람은 잔뜩 기가 죽어있는 시무룩한 때의 내 어린 시절 아이
를 떠올리기도 합니다.
그 모습이 결국은 내 기억을 대표적으로 보여주는 내면의 아이 모습,
다시 말해 우니히피리라고 할 수 있습니다.

기억이라는 거대한 도서관을 관리하는 우니히피리라는 존재는, 결국
순간순간 활성화되는 특정 기억 속의 내면아이의 모습을 반영하고 있
는 존재입니다.
거대한 기억들의 관리자이자 대표이면서 동시에 내면에 있는 기억들의
단편을 자신을 통해 보여주는 존재입니다.
그래서 우리 내면에서 활성화되는 기억이 다양한 만큼 우니히피리라는
아이의 존재 또한 변화무쌍하며 시시때때로 다르게 느껴질 수 있습니다.

호오포노포노에서 다루고 있는 우니히피리라는 개념이 지금 제가 표현
하고 있는 내면의 아이와는 다를 수도 있습니다.
사실 고백하건대 저는 호오포노포노를 하면서도 우니히피리에 중점을
두고 소통을 하고 있지는 않습니다. 그래서 저보다 우니히피리에 대한
더 확실한 개념을 가지고 있는 많은 분이 있을 거라 생각합니다.
호오포노포노의 개념 안에서 충분히 자신의 우니히피리를 만나 소통을
잘하시는 분들은 상관없지만, 만약 자신의 우니히피리를 만나고 싶은
데 그렇지 못한 분들은 위의 방식으로 내면 아이를 쉽게 떠올려보시기
바랍니다.

> ② 호오포노포노에서는 우니히피리를 잘 돌보라고 합니다. 내면의 우니히피리가 무엇을 원하는지 늘 잘 챙기고 보살피라고 합니다. 손수건을 원하면 손수건을 챙겨주고 연필을 원하면 연필을 챙겨주라고 합니다. 그런데 저는 귀찮고 거부 감이 듭니다. 반드시 이렇게 해야 하는 걸까요?

의외로 제 강의에서 이 부분을 호소하는 분들을 많이 봐왔습니다.

이 부분은 제 개인적인 의견이 들어감을 먼저 충분히 이해해주시기 바랍니다.

저 또한 한때 우니히피리를 보살피기 위해 신경을 많이 썼던 적이 있었습니다.

그런데 저 같은 경우도 이 행위를 하면서 뭔가 억지스러운 느낌과 함께 거부감이 들었습니다.

애써 내면의 아이를 잘 챙기다가도 마음 한 편에서는

'굳이 왜 이렇게까지 해야 하지?

가족들 챙기고 내 자식 뒷바라지 하는 것도 힘든데 이제는 눈감고 내면의 아이까지 챙겨야 하나?

그럼 난 누구한테 위로받고 누구한테 의지하고 살아야 하지?

죽을 때까지 이렇게 챙기고 또 챙기고 내면 아이 비위만 맞추면서 살아야 하나?'

그렇게 시작된 의문은 이내 내적인 반항으로 이어졌습니다.

'치사해서 못하겠네. 좋았다 안 좋았다, 이랬다저랬다, 변덕스러운 네 비위를 내가 왜 맞춰야 하니? 나도 힘들고 지쳤다고!!!! 나도 위로를 받고 싶다고!!!!!'

상처받은 내면의 아이에게 상처받은 또 다른 내면의 아이가 반항하기를 반복하는 듯했습니다.

그래서 저는 이 부분의 소통을 과감히 포기했습니다.

그리고 더욱 제 잠재의식의 소통에 초점을 명료하게 맞췄습니다.

우니히피리를 의무적으로 챙기면서 내면의 갈등이 심해졌던 이유는, 수십 년을 치열하게 살아오며 지칠 때로 지친 제 마음을 먼저 치유 받고 싶고 위로받고 싶은 현재의식의 절실함이 가득했기 때문이었던 것 같습니다.

제 현재의식이 먼저 충분히 위로받고 힘을 내야지 나의 기억들도 돌볼 수 있을 것 같았습니다.

이것은 어디까지나 저의 개인적인 생각입니다만,

저는 기왕이면 기억이 아닌 저의 순수함에 초점을 맞추고 가려고 합니다.

굳이 기억에 정성을 들이는 대신 그 기억 너머에 있을 나의 가장 신성하고 현명한 부분인 잠재의식을 꿋꿋하게 바라보고 가겠습니다.

(최근 호오포노포노 세미나에서 언급되는 '잠재의식'이라는 단어는 제가 말하는 '잠재의식'과는 완전히 다른 개념입니다. 제가 말하는 '케오라'라는 잠재의식의 존재는 무의식의 기억을 말하는 것이 아니라 호오포노포노에서 언급되는 신성에 가까운 존재입니다.

이 부분은 《내 인생의 날개를 펼쳐라》라는 본인의 저서에 자세히 설명돼있습니다.)

물론 그 과정 중에, 수많은 기억의 아이를 만나게 되고 심층의식에 왜곡된 가짜 잠재의식을 만나게 될 것입니다.

그럴 때마다 그저 그 기억을 존중하고, 그런 내 모습조차도 이해해주면서 한발 한발 순수함을 향해 걸어가겠습니다.

그리고 무엇보다 저는 그동안 저의 잠재의식으로부터 무한한 사랑과 응원을 듬뿍 받았기 때문에 이제는 저의 기억들을 두 팔 벌려 안아주고 위로해줄 힘과 자발성이 생겼습니다.

제가 잠재의식의 사랑을 받을 수 있었던 이유는 오랜 시간 한결같이 나의 순수하고 신성한 영역을 믿고 신뢰해왔기 때문입니다.

수없이 어리석은 현재의식의 기대와 욕심 그리고 의심에 휘청거렸지만 그래도 '케오라(제 잠재의식의 이름입니다)'라는 존재를 놓지 않았었고 그 힘이 결국은 인생을 바꾸는 힘으로 이어졌던 것 같습니다.

평생 우니히피리를 돌보면서 끝나는 것이 아니라 내 인생의 끝자락에 순수한 잠재의식을 닮아있는 나를 보는 것이 지금 제가 하는 소통의 목적입니다.

그리고 그 과정에서 저는 수많은 내면의 아이를 만나고 정화할 것입니다만, 그 정화에 저의 잠재의식이 늘 동참할 것입니다. 든든한 힘을 실어줄 겁니다.

그리고 저는 우니히피리를 통하지 않고서도 저의 잠재의식을 충분히 만날 수 있었습니다.

물론 제가 만난 '케오라'라는 그 존재가 기억에서 나온 것이 아니냐고 반문하시는 분들이 계실 것입니다. 그리고 호오포노포노에서 말하는 신성과 다를 수도 있을 것입니다.

하지만 분명한 것은 제가 수없이 저의 내면에서 소통하고 만났던 '케오라'는 단순한 기억의 영역은 아니었다는 것입니다.

저에게 무엇인가를 바라지도 않았고 원하는 것도 없었으며 늘 한결같은 따뜻한 에너지를 보내줬습니다.

케오라는 제 인생의 전반적인 것들을 다 알고 조건 없이 조언해줬으며, 제가 원하는 것들을 완벽한 타이밍에 창조해주기도 했습니다.

제가 흔들리지 않도록 현명한 길을 늘 인도해줬으며, 제가 내적으로 강해질 수 있도록 중심을 잡아줬습니다.

저의 모든 행동에 무조건적인 이해와 사랑을 보내주는 케오라의 에너지는 오히려 저에게, 저 자신을 더 칼날처럼 보게 하고 바로잡을 수 있게끔 만드는 카리스마가 됐습니다.

그런 잠재의식이 신성이 아니라면 우리는 어디서 신성을 찾아야 할까요? 과연 이 세상에 신성이라는 존재를 한 번이라도 제대로 느낄 수는 있을까요?

특별한 능력이 있고 선택받은 소수의 사람을 통해서만 신성의 메시지를 전달받을 수 있는 것일까요?

저 스스로는 10여 년간의 정화와 소통을 통해 이런 결론을 내렸습니다. 우리 모두의 내면에는 신성한 부분이 존재하며, 그 존재는 우리를 위해서 '궁극의 신'이 내린 선물과 같은 존재라고요.

그리고 우리는 누구나 진심으로 원할 때 언제든지 내 안의 신성을 만날 수 있다고요.

제가 여러분들에게 바라는 것은 자신의 내면에서, 지친 마음을 위로해줄 수 있는 존재를 발견하는 것입니다. 지친 내 인생을 따뜻한 빛으로 채워줄 수 있는 존재를 말입니다.

그리고 그 존재를 만나는 데 있어 적어도 제 생각으로는 우니히피리가 절대적으로 중요한 것은 아니었습니다.

꾸준한 정화 속에서 내면의 잠재의식에 대한 확신과 명료한 초점을 가지는 것이 중요했습니다.

> ②. 호오포노포노에는 정화도구가 많은데 그것을 다 쓰는 것이 좋을까요?

정화도구의 개수가 중요한 것은 아닙니다.

제가 추천해드리고 싶은 것은 나에게 맞는 정화도구를 최소한으로 활용하라는 것입니다.

멋진 정화도구가 많지만 나에게 와닿지 않거나 맞지 않는데도 그것을 고집한다면 결국 정화에 대한 기대와 욕심만 실리게 됩니다.

저 또한 한때 치포트 배지, 정화의 카드, 블루솔라워터, 모르나 기도문, 12단계 명상, 플라이 페이퍼, 오렌지 주스 정화… 심지어 그 당시 우리나라에서 구하기 힘들다는 나무 '보틀팜'까지도 구했었습니다.

하지만 저 같은 경우 어느 순간부터 벅차다는 느낌이 들기 시작했습니다. 이미 저의 욕심이 가득 차버려서 오히려 그 당시, 일은 더 꼬여만 가고 더욱더 현실은 힘들어졌던 것 같습니다.

일례로 '보틀팜'은 경제적인 부를 위해 구입했었는데 참 아이러니하게도 커다란 '보틀팜'이 집 거실을 다 차지하고 있었던 그 몇 년간의 시절이 제 일생에 가장 궁핍하고 경제적으로 힘들었던 시기였습니다.

아마도 맹목적인 문제해결, 회피, 물질적인 부를 향한 욕심과 집착, 기대가 좋은 정화도구들을 다 변질시켰던 것이 아닌가 싶습니다.

부를 얻기 위해 애지중지하던 보틀팜이 우리나라 기후에 적응하지 못하고 죽은 후, 저는 정화의 도구들을 하나씩 정리해나가기 시작했고 결국은 미용고사와 제 잠재의식에 초점을 맞춘 소통에만 정성을 들이게 됐습니다.

저 같은 경우는 정화의 도구가 가벼워지면서 오히려 인생의 변화에도, 제 자신의 변화에도 활기가 띠기 시작했습니다.

물론 사람마다 다 다를 것입니다.
얼마든지 멋진 정화의 도구를 가지고 창조를 이끌어 내고 현명하게 정화를 하고 계신 분들도 많을 것입니다.
중요한 것은 나에게 맞는 도구를 욕심 없이 잘 찾는 것이며, 기대 없이 잘 활용하는 것에 있습니다.

그리고 정화의 도구에 지나치게 의존하게 되면 결국 외부나 형식적인 것에도 함께 집착하게 됩니다. 그럴 때 오히려 내면의 실속은 다져지지 않고, 외부로 이것저것 찾아다니며 방황만 늘어나게 될 수도 있습니다.

만약 정화의 도구를 이것저것 다 갖추고도 마음이 편하지 않다면, 혹은 긍정적인 변화가 느껴지지 않는다면 과감하게 도구들을 내려놓고 미용고사에만 집중해보세요.
도구가 아무리 멋져도 그것을 사용하는 사람이 서툴면 아무 소용이 없는 법입니다.
반면 현명한 사람은 '고맙습니다'라는 말 한마디만으로도 인생을 바꿉니다.

'나는 왜 행복하지 않은 걸까?'

많은 사람을 만나지만 행복이라는 단어를 쉽게 말하는 사람은 좀처럼 보기 드뭅니다. 자신을 행복한 사람이라고 자신 있게 말하는 사람을 만나기는 쉽지 않습니다.

그만큼 우리는 행복이라는 단어와 친하지 않습니다. 낯설기도 하고 나와는 상관없는 세상의 일 같기도 하고 내 인생 너머 먼 곳에 존재하는 단어인 것처럼 인식되기도 합니다.

저 또한 정화와 소통을 하기 전에는 행복이라는 말을 쉽게 꺼내본 적도 없을 뿐만 아니라, 돌이켜 생각해보면 '진심으로 행복하다. 이게 바로 행복이구나.'라고 스스로 느껴본 적도 거의 없었던 것 같습니다.

그냥 기분이 좋았을 때는 있었지만, 그것에 대해 '행복'이라는 단어를 붙일 생각은 전혀 없었습니다.

아마도 저는 살면서 이런 생각을 했던 것 같습니다.

'행복은 그냥 기분 좋은 것하고는 달라. 이 정도로 행복이라고 말할 수는 없어. 진짜 행복에 어울리는 더 멋진 행복의 상태가 있을 거야.'

정화와 소통의 길 위에서 저는 비로소 행복이 무엇인지를 알게 됐고, 경험하게 됐고, 또 자신 있게 말하게 됐습니다.

그리고 가장 멋진 사실은 지금 당장이라도 내 행복을 만들 수 있는 능력자가 됐다는 것입니다. 참 멋지지 않습니까. 행복을 만들 수 있는 능력을 가졌다는 것이 말입니다.

행복을 만드는 데는 큰돈도 필요 없고, 거창한 목표도 필요 없으며 고달픈 노력도 필요 없습니다.

그리고 행복은 우리가 생각하는 것처럼 그렇게 까탈스러운 친구가 아닙니다. 자기가 있고 싶은 곳에만 있고 자기가 원하는 사람만을 찾아다니는 차별쟁이가 아니라는 것입니다.

'행복'이라는 존재는 언제 어디든 우리가 찾고 부를 때마다 늘 나에게 올 준비가 된 친구입니다. 우리가 행복하기를 원하기만 하면 되고, 우리가 그것을 찾기만 하면 됩니다.

테러의 위험이 도사리고 있는 곳에서도, 천진난만한 아이들은 그림을 그리기도 하고 친구들과 황폐한 도심 속에서 그들만의 새로운 놀이를 만들며 해맑게 웃습니다. 그리고 그 아이들의 얼굴에는 행복이 가득해 보입니다.

최악의 환경에서 살아가는 난민촌 아이들도 그 속에서 자신만의 놀이와 즐길 거리를 만들고 친구와 눈을 마주치며 까르르 웃습니다. 그 아이들의 얼굴에는 역시나 행복이 가득합니다.

언제든 다시 힘든 피난길을 갈지언정, 그 순간만큼은 그 아이들에게 행복이 찾아와 있습니다.

누군가는 병원에 누워있으면서도 산더미같이 쌓인 일 더미 속에 있으면서도 행복을 찾아서 느낄 수 있고, 누군가는 멋진 집에서 최고의 음식을 즐기면서도 불행을 느낄 수도 있습니다.

이렇게 나보다 더 고달프고 힘든 조건에 있는 사람들도 쉽고 당당하게 행복이란 친구를 부를 수 있는데 왜 우리는 그 친구를 부르지 못하고 있었을까요?

왜 우리는, 행복을 위한 수많은 조건을 치열하게 만들어오면서도 정작 행복과 친하게 지내지 못하고 있었던 것일까요?

'행복'이라는 존재는 '감사'라는 존재와 절친한 친구와 같은 사이입니다. 제가 아는 행복과 가까워지는 가장 쉬운 방법은 감사와 먼저 친해지는 것이었습니다.

행복이라는 감정은 추상적이라서 직접적으로 끌어오기 힘들었다면, 감사라는 것은 추상적인 것이 아니라 실질적인 행동이기 때문에 훨씬 실천하고 가까워지기 쉽습니다.

실제로 정화와 소통을 하면서 매사 모든 일에 감사함을 느끼기 시작하자 기대하지 않았던 행복이 제 삶에 저절로 들어와 있었습니다.

감사함을 모르는 사람은 불행하게 살 수밖에 없습니다.

감사하다는 감정은 곧 만족을 의미하기도 합니다. 진심 어린 감사함을 느낀다는 것은 넘치는 만족감의 상태를 경험하고 있다는 것입니다.

감사할 거리가 많은 사람일수록, 작고 사소한 것에 감사함을 느끼는 사람일수록 행복할 수밖에 없습니다.

결핍의 감정이 불행을 만드는 데 크게 기여한다면, 감사함은 채우는 에너지가 있으니 당연히 행복감을 느끼게 합니다.

정화와 소통을 하다 보면 모든 경험이 나에게 유리함을 알게 됩니다. 그리고 그 확고한 인식은, 지금 당장 나를 곤란하게 만드는 상황에서도 감사함을 찾아낼 수 있게 해줍니다. 그리고 이것은 정화와 소통을 통해 얻게 된 최고의 선물이기도 합니다.

세상에 당연한 것은 없습니다. 하지만 우리는 너무나 많은 것을, 아니 대부분의 것을 당연하게 여깁니다.
엄마니까 이렇게 해주는 것이 당연하고, 자식이니까 이렇게 하는 것이 당연하고, 나를 사랑하는 사람이니까 이렇게 해주는 것이 당연하고, 네가 직장 부하직원이니까 이런 일을 하는 것이 당연하고…
태어났으니까 숨 쉬는 것이 당연하고, 아침이니까 깨어나는 것이 당연하고, 밥을 먹었으니까 소화되는 것이 당연하고…
여름이었으니 가을이 되는 것이 당연하고, 겨울이었으니 곧 봄이 오는 것이 당연하고…
우리는 왜 이 신비로운 것들을 당연하다고 여기면서 사는 것일까요.

세상에 당연한 것은 없습니다.
사랑하는 사람이 나를 위해 하는 사소한 행동 하나하나가 그의 아름다운 배려에서 비롯된 것이고, 밥상 위에 당연한 듯 차려져 있는 음식 하나하나가 누군가의 시간, 정성에서 비롯된 것입니다.
숨을 쉬고 소화를 하는 것 또한 당연하게 일어나는 일이 아니라 내 몸의 수많은 세포 하나하나가 조화를 이루고 열심히 자신의 일을 하고 있어서 가능한 일입니다.
더운 여름에 지친 우리에게 시원한 가을이 오는 것, 추워서 잔뜩 움츠려있던 우리에게 따뜻한 봄의 햇살이 오는 것, 이 모두가 지구가 만들어내는 신비로운 배려입니다.
그 누군가의 또는 그 어떤 존재의 정성스러운 시간과 에너지로 이뤄지는 이 모든 것에 대해, 그 신비롭고도 경이로운 모든 것에 대해, 우리는 당연하게 여기며 살고 있기 때문에 행복과 멀어질 수밖에 없었습니다.

당연하게 바라보니, 감사할 일이 없지요. 감사할 일이 없다는 말은 만성적인 결핍에 시달리며 살고 있다는 뜻이기도 합니다.

지금 여러분들 앞에 펼쳐져 있는 모든 것, 자연, 인연, 내 몸, 경험 등등 너무나 식상하고 익숙하게 보이는 모든 것들의 당연함에서 먼저 깨어나시기 바랍니다.
푹 자고 일어난 아침에 깨어나서 새로운 하루를 시작하고 있다는 그 순간을 소중하게 느낄 수 있다면, 그래서 저절로 그 사실에 감사함이 느껴진다면 그 순간 행복한 하루는 시작됩니다.

행복을 위한 가장 특별한 능력은 바로 작은 것에 감사할 줄 아는 능력입니다.
감사할 일에 감사함을 느끼지 못하게 되면 그때부터 불행은 시작됩니다.
경이로운 것들을 당연하게 보게 되면 그때부터 원망과 불평은 시작됩니다.

지금 우리의 마음속 그 문제가 사라진다면, 그 걱정거리가 사라진다면 우리는 과연 기대한 대로 행복을 느끼게 될까요?
지금 아픈 내 몸의 그 부위가 깨끗이 나아서 정상기능을 하기 시작한다면 우리는 당장 행복하다고 말할까요?
지금 그 사람이 나에게 어제의 무례를 사과한다면 우리는 행복해질까요?
무엇을 한다면, 무엇이 된다면 이라는 조건 속에서 사실 행복은 일어나지 않습니다.
잘 기억해보세요.
우리는 그 문제가 생기기 전에도 행복하다고 느끼지 않았으며, 그 걱정거리가 없었을 때도 그다지 삶이 즐겁지는 않았으며, 내 몸이 건강할 때도 몸에 만족을 말하지 않았으며, 그 사람이 무례하기 전에도 제대로 감사함을 말하지 않고 살아왔던 때가 많았습니다.

그리고 지금 그 문제, 걱정거리가 사라진다면 그것은 감사할 일이 아니라 겨우 살 것 같은 일이 될 것입니다. 아팠던 몸이 낫게 되면 감사한 것이 아니라 이제야 원래대로 돌아왔을 뿐이라고 말할지도 모릅니다. 갈등 속에 있던 누군가가 마음을 풀고 나에게 용서를 구한다면 감사함이 아니라 내가 옳았다는 자만이 내 마음을 먼저 차지할지도 모릅니다.

우리에게 평범한 것은 당연한 것이지 감사할 거리가 아니었기 때문입니다.

호오포노포노를 시작하면서 미용고사가 생활화되기 시작했습니다. 그리고 낯설게만 느껴졌던 감사라는 말과도 친숙해졌습니다.

언어는 그것을 극대화하는 효과가 있습니다. 말로 표현하고 되뇔 때 그것이 지니고 있는 에너지는 선명해지고, 우리 내면으로 흡수되는 암시의 효과도 커지게 됩니다.

내 안에 있는 재료가 현실을 만들고 있다는 것은 부정할 수 없는 부분입니다. 빨간색이 내 안에 가득 차 있다면 빨간색이 인생을 만들 것이고, 노란색이 내 안에 가득 차 있다면 노란색이 내 인생을 만들 것입니다. 그래서 저는 제 강의에서 이렇게 말합니다.

"자신의 인생이 어떻게 흘러가고 있는지를 알고 싶다면, 그리고 앞으로 어떻게 흘러갈지를 알고 싶다면 자신의 언어패턴을 관찰해보세요. 당신의 그 언어패턴이 당신 내면의 색이고, 그 색이 인생을 만들고 있으니 말입니다.

그리고 인생을 바꾸고 싶다면 먼저 언어패턴을 바꾸세요. 당신의 '말'이 바뀌게 되면 인생도 바뀌게 됩니다. '말'은 나의 내부와 외부의 대표적인 연결고리이니까요."

생활 속의 감사함이 흡수돼 내면에 감사함과 행복이라는 색이 만들어지기 시작할 때 우리 인생에서 또한 감사할 일, 행복할 일에 관련된 경험들이 더 선명하게 일어나게 됩니다.

다시 말해 일상 속에서 말하는 감사함과 행복이 결국은 우리의 내면으로 들어와 다시 인생의 재료로 쓰인다는 것입니다. 인생이 나를 행복하게 만들어주는 것이 아니라 내 안의 행복이라는 재료가 나를 행복하게 만들어 주는 것입니다.

저는 이제 감사라는 말과 행복이라는 말을 스스로 자주합니다. 혼자 감탄하는 일이 하루에도 수십 번입니다.

조금만 눈을 돌려 주변을 바라보면 넘치도록 감사할 거리가 많음이 또다시 감사합니다. 이렇게 감사할 거리가 많음에도 내가 외면하고 살아왔다는 것에 진심 어린 미안함도 일어납니다. 이런 통찰의 순간들이 진정한 정화와 소통의 순간들이고 진정한 미용고사의 순수한 힘이 일어나는 순간들입니다.

아무것도 하지 않을 수 있는 짧은 휴식시간에도 '이게 행복이구나…' 말합니다.

맛있는 음식을 먹을 때도 감탄하며 '이게 사는 맛이네!'라고 말합니다. 행복하다. 감사하다. 맛있다. 아름답다. 참 좋다… 이렇게 스스로 말해 줄 때마다 그 감정은 현실을 더욱 생생하고 선명하게 만들어줍니다.

목표에 대한 성취욕이 높은 친구가 있었습니다. 소신도 강하고 똑똑하기도 하며 명확한 목표가 늘 있어서 흔들림 없이 자신의 길을 가는 친구였습니다.

어느 날 그 친구를 만났는데, 많이 지쳐 보였습니다. 자신이 정한 목표대로 인생이 잘 흘러가고 있지 않아 답답하고 힘들다고 말하더군요.

그 친구에게, 네가 가지고 있는 것이 이미 얼마나 많은지를 그리고 지금도 충분히 즐기고 행복할 수 있다고 이야기했습니다. 그리고 지금 네 상황보다 훨씬 극한의 상황에 놓인 사람들이 너무나 많다는 이야기를 해줬더니 친구는 와닿지 않는 듯, 심드렁하게 말했습니다.

"너는 나보다 못한 사람들을 보면서 만족을 찾으라는 거구나. 그러면 성장할 수 없지. 내 목표를 따라가려면 위를 보고 가야지. 나보다 더 멋지게 사는 사람들을 보면서 가야지."

나보다 조건이 더 좋지 못한 사람들을 보라는 말은 아닙니다. 위만 바라보지 말라는 말입니다. 내 목표만 보지 말고, 내 위만 올려보지 말고, 나보다 많이 가진 사람만 보지 말라는 말입니다. 차별 없이 다 보라는 것입니다.

위도 있지만, 아래도 있고, 오른쪽도 있고 왼쪽도 있습니다. 아니 사실은 위, 아래, 옆이라는 개념이 무색할 정도로 방대하게 넓은 공간에 서 있으면서도 우리는 오직 그 문제만, 그 목표만, 내가 부러울 만한 사람만 보면서 쫓아갑니다.

나는 왜 **호오포노포노**가 안 되는 걸까?

그렇게 공간을 차별하면서 따라갈 때 점점 내 시야는, 인생이 만들어준 수천 가지를 놓치고 오직 한곳만 보게 됩니다. 좁아진 시야는 그 문제 혹은 그 목표를 내 인생의 전부인 것처럼 착각하게 만들고 그 하나가 뜻대로 되지 않거나 무너질 때, 인생도 내면도 함께 무너져버립니다.

주변에서 어떤 이의 자살 소식을 종종 듣게 되는데, 한 가지만 바라보고 긴 시간 살아오면서 오직 그것만이 내 인생의 전부라고 착각해서 일어나는 일입니다.

시야가 넓어 주변을 다 볼 수 있게 되면, 그래서 내 인생에 소중한 것들이 하나가 아니라 수십 개가 되면 그 한두 가지에 인생이 무너지지 않습니다.

올라가는 것이 성장은 아닙니다. 공간이라는 것에, 인생이라는 것에 방향을 정한다는 것 자체가 무의미합니다. 있지도 않은 계단을 올라간다는 착각일 뿐입니다.

인생에서 성장은 모든 공간을 넓게 보고 누릴 줄 아는 것입니다.

많은 사람, 그들의 수많은 인생, 하루 그리고 사계절이라는 시간의 흐름, 내 몸과 마음, 아름다운 자연들을 순수하게 다 담을 수 있는 상태가 진정한 성장입니다.

그리고 그 많은 것들을 순수하고 경이롭게 바라볼 줄 아는 사람은 어떤 상황에서도 쓰러지지 않습니다.

나와 눈이 마주친 자연이 나를 치유해주고, 나와 눈이 마주친 그 누군가가 따뜻한 위로를 건네주고, 내가 초점을 맞춰준 나의 잠재의식이 나를 보듬어 주니 쓰러질 수가 없습니다.

곧잘 공부를 잘하던 딸아이가 사춘기에 접어들면서 공부에 슬럼프가 오기 시작했습니다. 다른 놀거리와 관심거리에 빠져 공부에는 통 집중을 하지 못하더니 결국은 성적이 극단적으로 내려갔습니다. 그 모습을 보며 순간 걱정과 불안이 느껴졌습니다. 저도 어쩔 수 없는 엄마이기에 딸의 슬럼프가 오래가지 않을까… 하는 불안감이 들었습니다. 늘 최고 등수를 받아오던 아이가 갑자기 이러니 당황스럽기도 했습니다.

그때 케오라가 이런 말을 했습니다.

"그 아이의 성적을 응원하지 말고 그 아이의 인생을 응원해."

순간 제 시야가 다시 좁아졌음을 자각할 수 있었고, 딸아이가 지금 행복해하는 관심거리를 진심으로 함께 응원할 수 있게 됐습니다. 그리고 공부를 방해하는 듯 보였던 그 관심사가 오히려 딸의 사춘기 방황을 잘 잡아주고 있다는 것을 보게 되면서 진심으로 감사했습니다.

불행을 호소하는 사람들의 상담 메일을 읽으면서 케오라에게 이렇게 물었습니다.

"케오라… 왜 이렇게 많은 사람이 불행해 할까."

"인생이라는 최고의 미술관에 와서는 눈을 감고 있으니 불행할 수밖에."

감정과 싸우고 있는 이들에게

많은 분이 감정적 문제로 힘들어하십니다.

불안함, 두려움, 분노, 억울함…

우리는 한결같이 애쓰고 노력합니다. 이것들을 없애고 또 없애기 위해서 말입니다.

그런데 온갖 방법으로 노력을 해봐도 그러한 감정들이 쉽게 없어지던가요.

세월과 함께 더 악착같이 나에게 붙어 있습니다.

마치 자신을 버리려는 엄마의 옷자락을 버려지지 않기 위해 발버둥 치면서 붙들고 늘어지는 아이처럼, 그런 감정들은 더욱 거세게 그리고 더욱 끈질기게 나를 붙듭니다.

왜일까요… 왜 그들은 쉽게 나에게서 떨어지지 않고 나를 늘 괴롭히는 걸까요.

나를 힘들게 하는 감정들이 원하는 것이 무엇인지를 먼저 알아야 합니다.

내 의식적인 마음의 본능을 들여다보면 그 답을 쉽게 찾을 수 있습니다.

누군가가 나를 싫어하고, 멀리하려고 한다면 우리 마음은 어떨까요?

그 누군가가 나에게는 너무나 소중한 존재인데,

그 소중한 누군가가 나를 미워하고 밀어내려고 한다면 우리 마음은 어떨까요?

누군가가 나를 쉽게 생각하고 쓸모없다며 버리려고 한다면 우리 마음은 어떨까요?

그 누군가가 나에게 없어서는 안 될 중요한 존재인데,

그 중요한 누군가가 너 때문에 자신이 불행하다며 쉽게 날 버리려고 한다면 우리 마음은 어떨까요?

버려질 것 같은 느낌이 드는 아이들은 미친 듯이 힘주며 엄마를 붙잡습니다.
엄마가 자신을 사랑한다고 믿는 아이들은 엄마를 힘주며 붙잡지 않습니다.

세상 모든 만물은 에너지체입니다.
그리고 모든 에너지는 같은 본능을 지니고 있습니다.
세상 모든 만물은 우리 마음과 똑같이 이해받고 싶어 하고, 사랑받고 싶어 합니다.

저는 제 강의에서, '정화'에 대해 이렇게 말합니다.
'정화'는 존중에서 비롯된다고요.
깨끗하고 예쁜 것을 선별하고, 그것으로 내 내면을 채우는 것은 결코 정화가 아닙니다.
내 내면에서 예쁘지 않다는 이유로 외면당하고
깨끗하지 않다는 이유로 꼭꼭 숨겨오고
사는데 별 이득이 되지 않는다는 이유로 미워했던 모든 것들을 드러내어 존중해주는 것이 정화입니다.

우리는 두려움을 피하려고 하고, 단점을 숨기려고 하고, 슬픔을 없애려 합니다.
하지만 그들이 바라는 것은 그저 차별 없이 인식 받고, 이해받는 것입니다.

깨끗하고 예쁜 것들과 똑같이 존중받으면서 이해받고 싶어 하는 것, 단지 그것뿐 입니다.
우리가 타인을 향해 바라는 그것과 같습니다.

불안함, 두려움은 자연스러운 감정입니다.
우리가 그들을 끊임없이 밀어내고 없애려고 하면서 그 갈등이 더 깊어졌을 뿐입니다.
자연스러운 그 감정들은 마치 죄인처럼 취급되면서, 왜곡됐을 뿐입니다.

그냥 바라봐주세요. 내 안에 있는 수십 가지 감정들을 차별 없이 말입니다.
두려움이 나오면 그 두려움을 바라보고, 충분히 두려워할 수 있다고 이해해주세요.
두려움 네가 있어도 나는 괜찮다고, 그러니 충분히 나와도 된다고 허용해주세요.

불안함이 나오면 그 불안함을 그냥 봐주세요.
불안할 만하니 나온 것이라고 괜찮다고 말해주세요.
네가 있어도 내 인생은 여전히 잘 돌아가고 있으니 걱정 말고 거기 있어도 된다고 허용해주세요.

분노가 나오면 그냥 그 분노가 하려는 행동을 지켜봐 주세요.
충분히 네가 나올 만했다고 격려해주세요.
네가 나와서 이 일을 망칠지도 모른다는 걱정은 할 필요 없다고 안심시켜주세요.

그렇게 그들이 충분히 이해받게 되면 그제야 정화가 이뤄집니다.
그제야 외로웠던 그들과 지친 내 의식 사이의 진짜 교감이 이뤄집니다.

내가 특별히 불행한 인생이라서,
내가 특별히 이상해서 부정적인 감정에 휩싸이는 것이 아닙니다.
모든 사람이 다 가지고 사는 수많은 감정일 뿐인데
내가 그들을 유독 외면하고 미워해서 불행했던 겁니다.
미운 존재가 있는데 어떻게 인생이 밝을 수가 있겠습니까…

그 감정 자체가 내 인생을 불행하게 만들어왔던 것이 아니라
그 감정을 미워하는 내 마음이 내 인생을 불행하게 만들어왔던 것입
니다.

언젠가 억울한 일이 있어 눈물이 나오려고 할 때,
억지로 참고 있는 저에게 케오라가 이렇게 말했습니다.
"웃음만 신의 선물이 아니야. 눈물도 신의 선물이야."

신이 주신 선물, 차별하지 말고, 가려 받지도 말고 다 누리세요.
진짜 행복은 부정적인 감정을 없앴을 때 오는 것이 아닙니다.
부정적인 감정이란 애초에 있지 않았다는 것을 알게 될 때 느낄 수 있
는 것입니다.
모든 감정이 다 소중하다는 것을 허용할 때 진짜 행복을 누릴 수 있게
됩니다.

그리고 잊지 마세요.
충분히 사랑받고 이해받은 감정은 결코 내 현실에 해를 주지 않습니다.

나는 왜 **호오포노포노**가 안 되는 걸까?

내 안의 벽

어느 날 커피를 마시기 위해 갔던 한 카페에서 있었던 일입니다.
화장실에 가게 됐는데 누군가 큰 볼일을 보고는 물을 내리지 않은 것입니다.
저는 당연한 듯이 얼굴을 찌푸리며 그냥 돌아 나왔습니다.
돌아 나오는데 문득 머리를 스치는 생각 하나가 있었습니다.
'참… 이상하다. 매일같이 보는 내 것은 전혀 더럽게 보이지 않는데 왜 남의 것이라고 저리 더럽게 보이는 걸까?'
그때 케오라가 이런 메시지를 주는 듯했습니다.
'내 것이라는 벽이 있으니 그렇게 보이는 거지.
내 것과 남의 것을 구분하려는 벽.'

순간 뒤통수를 한 대 맞은 듯 번쩍이는 통찰 하나가 일어났습니다.
내 머릿속에 존재하고 있던 선입견의 벽 하나가 모습을 드러낸 것입니다.
그리고 저는 그 벽을 향해 정화했습니다.
'내가 그런 벽을 쌓고 있었구나. 미안해. 용서해줘. 사랑해. 고마워.'

내 것, 남의 것….
내 물건은 소중하니까 애지중지 다루면서
남의 물건은 내 것이 아니니까 대충대충 다루고.
내 자식한테는 늘 더 잘해야 한다고 다그치면서
남의 자식은 조금만 잘해도 한없이 너그럽게 '그 정도면 잘한 거지'라며 쉽게 칭찬해주고.

내 집에서 나오는 물은 수도세 아깝다며 아껴 쓰면서
여행 중 묵은 호텔에서는 남의 것이니까 펑펑 쓰게 되고.
내 실패는 엄청나게 커 보이면서
남의 실패를 보면서는 '그 정도 가지고 뭘…' 이라며 쉽게 말하고.
내가 받은 상처는 죽을 만큼 심각한 것이고
남이 받은 상처는 금방 해결될 것처럼 가벼워 보이고.
내 손에 있는 떡은 늘 모자라 보이는데 남이 들고 있는 떡은 커 보여서
괜히 억울하고.
내 몸에 묻은 때는 더럽지 않은데 남의 얼굴에 묻은 때는 더러워서 고
개 돌리게 되고.

'아… 나도 모르게 그렇게 살아왔구나.
내 것, 남의 것이라는 벽을 쌓아놓고
때로는 내 것이니까 남보다 더 예쁘고 깨끗하다고 우기고.
때로는 내 일이니까 남의 일보다 더 중요하고 힘들다며 생색내고.
때로는 내 사람이니까 남들보다 더 야박하게 몰아붙이면서 살아왔구나.'

불교에서는 최고의 선을 안과 밖이 같은 선이라 한다고 들었습니다.
나를 위한 일도 남을 위한 일도 같은 것이 된다는 뜻이죠.
내 안에 내 것이라는 벽이 있는 한, 우리는 이 세상과 진정으로 소통할
수 없게 됩니다.
또한 우리의 본질은 세상 모든 것과 하나로 연결돼있습니다.
그렇다면 내 것이라는 그 벽은, 내 본질과의 소통 또한 막고 있을지도
모릅니다.

나도 모르게 내 안에 벽을 쌓고 있었던 선입견들을 하나씩 발견해나가

는 일은, 정화의 길에서 만나는 아주 소중한 선물 같은 것입니다.

그렇게 나에 대해서 또 한 부분을 알게 되고 그것을 정화해나가면서 한 발 한 발 성장해가는 나를 보는 것은, 인생에서 빼놓을 수 없는 큰 희열입니다.

어릴 적 책에서 이런 문구를 읽은 적이 있습니다.

'태어날 때부터 두려움이 없는 사람은 용감한 사람이 아니다.

두려움 속에서도 한발 한발 나아가는 사람이 정말 용감한 사람이다.'

그때 저는 이런 생각을 했습니다.

'아… 난 겁도 많고 두려움도 많으니까 앞으로 용감할 일만 남았군.'

정화를 하게 되면서도 비슷한 생각들을 할 때가 종종 있습니다.

'모든 걸 다 깨달은 도인으로 태어나지 않아서 정말 다행이야.

이렇게 조금씩 나를 알아가고 조금씩 성장해가는 즐거움을 맛볼 수 있어서 난 정말 좋아.

가장 적당하게 어리석게 태어나줘서 고마워. 변화할 기회를 줘서 정말 고마워.'

그날 카페에서 순간의 작은 통찰을 얻고 정화를 한 직후,

그동안 늘 해왔던 패턴에서 벗어난 새로운 생각 하나가 저를 붙잡았습니다.

'누군가는 저걸 처리해야겠지. 그 누군가가 내가 되면 어떨까?'

그렇게 저는 다시 돌아가 물을 내리고 뒷정리를 해놓았습니다.

그리고 곧 이 작은 배려가 사실은 나를 위한 일임을 알게 됐습니다.

다른 누군가가 편하고 깨끗하게 화장실을 사용할 수 있다는 사실이 저를 즐겁게 만들었습니다.

불교에서 말하는 선이 무엇인지 조금이나마 알 듯했습니다.

'나를 위한 일이 남을 위한 일이 되는 것…'
그리고 그것은 '내 것'이라는 벽을 허물게 될 때 진심으로 가능해짐을 알게 됐습니다.

또 한 가지 재미있었던 것은,
그렇게 돌아 나오는데 화장실이 이런 메시지를 저에게 보내주는 것 같 았습니다.
'배려해줘서 정말 고마워. 그 답례로 작은 선물을 하나 할게.'
뭘 그렇게 대단한 것을 했다고, 저는 속으로 '이게 뭐라고 괜찮아.'라고 말하고는 그냥 잊어버리고 나왔습니다.
그런데 며칠 후 다시 그 카페를 찾게 됐을 때,
커피를 주문하고 영수증을 받으려는 찰나 직원이 들뜬 표정으로 저에 게 말하는 것입니다.
"와!! 이벤트에 당첨되셨네요. 커피는 무료입니다."
기분 좋게 커피를 받으러 갔더니 이번에는 다른 직원이, 여러 가지 종 류의 과일이 정성스럽게 올려진 접시를 제 커피 옆에 놓아주며 눈을 찡 긋합니다.
"새로 나온 과일과 샐러드 제품인데 시식 한번 해보시라고요."
생각지도 않았던 이벤트 커피에 과일 샐러드까지 푸짐하게 들고 자리 로 가면서 문득 며칠 전에 느꼈던 화장실에서의 메시지가 떠오르는 것 입니다.
어쩌나 이 상황이 재밌고 감사한지 한동안 웃음이 멈추지 않았습니다.
물론 우연의 일치였을 수도 있습니다만,
저는 늘 그렇듯 저에게 유리하고 감사한 것은 바로 사실로 믿어버립니다.

어쩌면 여러분들은 저보다 훨씬 앞선 길에 계실지도 모릅니다.

나는 왜 **호오포노포노**가 안 되는 걸까?

'에이 화장실 물 내린 거 하나 가지고 엄청 생색내네.'라고 하실지도 모릅니다.

하지만 중요한 것은 앞에 있든 뒤에 있든 하루하루 자신의 길 위에서 열심히 나아가고 있다는 것입니다.

저 작은 통찰과 변화가 저에게는 큰 칭찬거리가 됐습니다.

그리고 스스로 해준 그 칭찬은 성장과 인생의 변화로 고스란히 이어집니다.

정화와 소통을 꾸준히 하고 계신 여러분.

자신이 어떤 벽에 갇혀있었는지를 하나씩 알아나가 보세요.

그리고 그 벽을 기분 좋게 정화하면서 허물어버리세요.

그렇게 여러분의 인생은 더욱 넓어지고 가벼워집니다.

언젠가 지인 한 분이 저에게 이런 질문을 하셨습니다.

"핑크돌고래님. 홍석천이라는 사람은 꽤 괜찮은 사람 같은데 왜 비정상적인 성적취향을 가지게 된 것일까요? 그 사람의 잠재의식은 무엇을 의도한 걸까요?"

"글쎄요. 제가 어떻게 그 답을 알겠습니까."라고 말하면서 저는 제 안의 또 다른 벽 하나를 바라보면서 정화했습니다.

'나는 왜 홍석천 씨의 성적취향을 당연한 듯, 비정상적이라고 생각하는 걸까.

어떤 벽이 그 질문을 만들어서 나에게 들려준 것일까.'

그 순간 저는 또다시 가벼워졌습니다.

내 벽을 하나씩 발견하고 정화로 허물 때마다 저는 그렇게 가벼워집니다.

그리고 그 벽을 제가 볼 수 있게 드러내 준 현실에 감사하게 됩니다.

정화 여행 - 베트남

얼마 전 베트남으로 여행을 다녀왔습니다.

공항에서 수속을 마치고 게이트 앞에서 대기하던 중 어디선가 이런 메시지가 느껴졌습니다.

"오랜만의 네 여행에 작은 선물을 주고 싶어. 편안한 여행이 될 수 있도록 말이야."

분명 케오라의 느낌은 아니었고 아마도 눈앞에 보이는 비행기인 듯했습니다.

비행기에 탑승하고 저는 그 메시지의 의미를 곧 알게 됐습니다.

그날 베트남으로 향하는 밤 비행기는 거의 만석이었습니다.

먼저 비행기에 올라타서 자리를 잡고 앉아있는데 끊임없이 많은 사람이 들어와 자리를 메우기 시작했습니다.

그런데 3인석으로 이뤄진 좌석에 제 옆으로는 사람들이 앉지 않는 것이었습니다. 그렇게 비행기는 출발했고 덕분에 저는 늦은 밤 거의 만석의 비행기 안에서 4시간을 빈 좌석에 누워서 편안하게 쉴 수 있었습니다. 주변 사람들의 부러운 시선을 한눈에 받으면서 말입니다.

편안하기만 했던 비행과는 달리 베트남의 환영인사는 아주 격렬했습니다.

어찌나 강풍이 불어대던지, 이 강풍은 여행 내내 잠잠해지질 않았습니다.

지금 다시 베트남 여행을 돌이켜봐도 강렬했던 바람이 가장 기억에 남을 정도이니까요.

제가 야속한 마음에 바람을 향해 물었습니다.

"비행기는 정말 편하게 잘 타고 왔는데 바람 때문에 아무것도 할 수가 없어."

그러자 바람이 이런 느낌의 메시지를 전해주었습니다.

"나는 지금 청소 중이야. 나는 모든 것을 순환시키고 있어.

내가 없다면 모든 것은 그 자리에 멈춰 있게 될 거야. 공기도 먼지도 물도…

멈춤은 곧 오염이야. 흐르는 건 정화가 돼. 너도 이걸 좋아하는 줄 알았는데.

넌 인생에 불어오는 바람도 존중할 줄 아는 사람이잖아.

그래서 지금 내 모습도 당연히 존중해줄 줄 알았는데"

"아… 맞아. 바람이 대기를 청소하는 것처럼, 인생에 불어오는 거센 바람도 인생을 정화하고 청소하는 거지."

"순환을 멈출 수 없어. 늘 흘러야 하고 늘 청소해야 해. 그게 내 임무야. 다만 중심이 잡힌 존재는 흔들림 없이 잘 버틸 거고, 중심이 잡히지 않은 존재는 그 과정에서 피해를 보게 돼. 그건 내 문제가 아니야. 중심을 잡고 있을 것인지 아닐지는 그들의 문제지. 내가 할 수 있는 건 그저 청소뿐이야."

인생도 마찬가지입니다.

살다 보면 온갖 문제, 사건, 뜻하지 않는 일들이 몰아칠 때가 있습니다.

내 안에 먼지 하나 없이 깨끗하기만 하다면, 청소할 일도 없고 그렇게 강렬한 바람이 몰아칠 일도 없을 테지요.

하지만 저는 압니다. 긴 세월 살아오며 얼마나 많은 먼지와 왜곡된 기억들과 에너지가 내 속에 가득 차 있는지를 말입니다. 그러니 인생에 거친 바람이 때때로 불어와도 할 말이 없습니다.

바람의 말처럼 청소 중인데 무슨 불만을 말하겠습니까. 이렇게라도 청소해주니 그저 감사할 뿐입니다.

그리고 중요한 것은 내 안에 중심이 잡혀있게 되면 그 어떤 바람에도 흔들리지 않는다는 것입니다. 불어오는 바람은 그저 자신의 일을 묵묵히 할 뿐, 왜 나를 이렇게 흔들고 상처 입히는지를 바람에게 따질 일은 아닙니다.

그리고 우리의 중심은 잠재의식입니다. 내 안의 잠재의식이 활성화돼 내 의식과 함께하게 될 때 인생에 어떤 바람이 몰아쳐도 나는 끄떡없게 됩니다.

그게 잠재의식의 힘입니다.

정화를 하고 소통을 한다고 해서 하루아침에 청소가 다 이뤄지고 인생이 평온한 것만은 아닙니다. 수십 년, 아니 수백 년 동안 쌓아왔던 기억들이니 당연합니다.

다만 확실한 것은, 정화를 하면서 생기는 인생의 사건들은 결코 최악으로 치닫지 않는다는 것입니다. 회복할 수 없을 정도로 극단적인 일들은 일어나지 않습니다.

똑같은 사건을 경험하더라도 중심 없이 서 있던 사람은 힘없이 무너지지만, 소통으로 잠재의식과 함께하는 사람은 자신도 믿을 수 없는 내면의 힘이 나와서 모든 상황을 이겨 낼 수 있도록 합니다.

분명 예전의 나라면 모든 것을 포기하고 무너져야 하는 상황인데, 이상하게 버틸 수 있는 강한 정신력이 일어나게 됩니다.

주변을 보면 안타까운 사건 사고가 참 많습니다.

그럴 때마다 저는 정화와 소통을 다짐합니다. 정화와 소통을 할 수 있어서 다행이라고 감사합니다.

이미 정화와 소통의 흐름 속에 있으니 모든 것이 나에게 유리하게 흘러가고 있음을 알고 있고, 어떤 일이 일어난들 나는 케오라의 힘으로 잘

버텨낼 자신이 있으니 말입니다.

어찌 됐든 내 여행을 방해한다고만 생각했던 바람이 이렇게 열심히 자기 일을 하고 있었다니 더 이상 불평의 마음을 가질 수가 없었습니다.
바람의 말처럼 모든 것은 흘러야 하니까요. 그렇게 순환돼야 청소가 되고 더 나은 변화도 이뤄지니 말입니다.
이렇게 모든 것들이 자신의 방식대로 지구를 위해 일하고 있구나 하는 생각에 야속했던 바람이 오히려 경이롭게 느껴지기까지 했습니다.

강렬한 바람에 숙소 바로 앞 아름다운 바다를 두고도 산책할 엄두를 내지 못하고 있다가,
여행 마지막 날, 아쉬운 마음에 용기 내어 바닷가로 나가 벤치에 자리를 잡고 앉았습니다.
무섭게 요동치는 바다였지만 모든 것이 안정감 있게 느껴졌습니다.

그때 관광객으로 보이는 한국인 여성 한 분이 바닷가로 내려오셔서 저에게 가볍게 눈인사를 하고는 옆 벤치에 앉아 바다를 바라보고 계셨습니다.

저는 바다에게 물었습니다.
"나는 당신을 보고 있는데 당신은 나를 보고 있나요?"
"당연히 보고 있지. 네가 나에게 눈을 맞추니 나도 네가 아주 잘 보여."
"나에게서 무엇이 보이나요?"
"네 옆에는 사람들이 많구나. 많은 사람이 보여. 너를 둘러싸고 있는 많은 사람.
너도 그들도 밝은 빛이 나는구나."

"맞아요. 제가 인복이 많아요.
그럼 지금 옆 벤치에 있는 저분에게서는 무엇이 보이나요?"
"저 사람 옆에는 책이 많아. 많은 책이 보여. 탐구하고 또 탐구하고.
저 사람의 책에서 빛이 나. 책이 저 사람의 인생을 이끌고 도와줄 거야."
바다의 메시지를 듣고 나니 옆에 계신 분에 대해 궁금해졌습니다.
그래서 그분에게 물었습니다.
"혹시 책 많이 읽으세요?"
"글쎄요. 탐구하고 무엇인가 알아가는 것을 좋아하기는 해요. 그러려면
아무래도 책을 많이 접할 수밖에 없죠."

바람과 함께였던 짧은 여행이 끝나고 돌아오는 밤 비행기에서 다시 한
번 선물을 받았습니다.
갈 때와 똑같은 일이 벌어진 것입니다.
만석인 비행기에 이번에도 제 자리 옆에만 사람이 없어서 밤새 편하게
누워서 올 수 있었습니다.
"와… 한 번도 아니고 어떻게 올 때도 이럴 수가 있지?"
"네가 편하게 있었으면 좋겠어. 그리고 자주 와줬으면 좋겠어."

저에게 여행은 단순한 일탈, 힐링의 의미 그 이상입니다.
저에게 여행은 정화와 소통 그 자체입니다.
똑같은 일상에서 똑같은 패턴으로 움직이던 반복을 멈출 수 있게 해주
고, 저절로 의식의 혼의 자리로 저를 이끌어줍니다.
새로운 길 위에서 저는 매번 새로 깨어나고 새로운 의식을 체험하고 세
상 만물의 순수한 에너지와 동시에 제 잠재의식 속으로 더 깊이 들어갑
니다.
그렇게 모든 일상의 패턴을 끊고 새로운 경험을 하고 돌아오게 될 때 저

는 다시 한번 새로운 성장을 한 채로 새로운 인생을 살아가게 됩니다. 풀리지 않았던 현실의 문제도 새로운 제 의식 속에서 그 움직임이 빨라짐을 느끼게 됩니다.

유난히 바람이 강렬했던 베트남 여행길의 끝에서, 이렇게 돌아가면 내 일상의 변화도 강렬하게 오겠구나…라고 생각했습니다.
아니나 다를까 1년여 동안 풀리지 않았던 일이 그 후로 서서히 움직이기 시작하더니 강렬한 변화가 시작됐습니다. 그리곤 거짓말 같은 과정을 거쳐 완전히 해결돼버렸습니다.
언젠가 케오라가 이런 말을 한 적도 있었습니다.
"가까운 곳이라도 잠시 다녀와. 네 의식이 그것을 붙잡고 있으니 내가 움직일 수가 없어.
네가 이 자리를 비우고 휴식을 취할 때 내가 해결해놓을게."

여러분들이 쥐고 있는 중요한 그것을 잠시 뒤로 하고 새로운 어딘가로 떠나보세요.
그저 그 새로움을 경이롭게 느끼고 있을 때, 여러분들의 잠재의식이 그 중요한 그것을 해결해줄지도 모릅니다.

'정화와 소통' 강의 에피소드 I

강의를 진행하다 보면 종종 다른 이의 잠재의식과 교감하는 순간들이 있습니다. 제가 어떤 분을 정화하기 위해 일부러 초점을 맞추는 경우도 있고 또 가끔은 상대방의 잠재의식이 먼저 다가와서 자신의 에너지를 전해주기도 합니다.

물론 이 교감에 대해 저의 단순한 상상이라고 말씀하실 분들도 계실 것입니다.

저 또한 이 막연한 교감에 대해 백 퍼센트 사실이라고 우길 생각은 없습니다. 왜냐면 저 역시도 수많은 기억이 자리 잡고 있는 심층의식 속에 존재할 때가 종종 있기 때문입니다.

경험의 데이터 속에, 생각과 감정 속에, 이것만이 옳다는 관념 속에 여전히 존재할 때가 있기 때문입니다.

그래서 일상에서 누군가의 내면에서 느껴지는 에너지를 메시지처럼 상대에게 직접적으로 전달해주는 것은 웬만하면 하지 않으려고 합니다.

다만 여러 번의 만남을 통해 저와 신뢰를 충분히 쌓은 분들에게는 다음과 같은 당부 말씀과 함께 조심스럽게 직접 전달해드리는 경우가 있습니다.

"선생님, 제가 전하고자 하는 이 메시지가 선생님의 잠재의식에서 순수하게 나왔는지는 백 퍼센트 장담할 수 없습니다. 저도 불완전한 현재의식이니까요.

다만 선생님이 본인의 잠재의식과 조금 더 가까워지기를 바라는 저의 진심은 백 퍼센트입니다. 저는 진심으로 선생님이 평온해지기를, 행복해지기를 바랍니다. 그러니 현실적인 사실 여부를 떠나 저의 진심을 믿고 들어주세요. 그리고 그 메시지를 선생님에게 유리할 수 있도록 현명하게 활용하고 참고하세요."

그리고 이 과정 중에 종종 신기한 일들이 일어납니다. 이 메시지가 정말 그분의 잠재의식에서 나온 것이구나 하고 확신하게끔 만드는 신비로운 일들이 말입니다.
다음은 그중에서 일부의 에피소드들입니다.

화려하고 야무진 인상의 선생님이 계셨습니다.
그분의 잠재의식은 이런 메시지를 전해주셨습니다.
"힘을 조금만 뺀다면 너의 빛이 훨씬 더 밝게 드러날 거야."
그리고 그 힘이라는 것은 '판단력'이라고 했습니다. 그 메시지를 전해드렸을 때 그 선생님은 놀라며 이렇게 말씀하셨습니다.
"그러지 않아도 얼마 전부터 계속 올라오는 생각이 있었는데요, 그동안 나도 모르게 내가 너무 많은 판단을 하면서 살아오고 있었다는 거예요. 그런데 그 부분을 콕 집어서 말씀해주시니 신기하네요."

또 어떤 분의 경우엔 이런 메시지가 느껴졌습니다.
"강하려고 애쓰지 않을 때 가장 강해. 왜냐면 넌 원래 강하고 현명한 사람이니까."
이 메시지를 전달해 드리자 그 선생님은 눈을 동그랗게 뜨고는 말씀하셨습니다.
"아… 요즘 어떻게 하면 강해질 수 있을까? 라는 질문에 엄청 집중하고 있었어요. 어떻게 알고 그것에 답을 주셨어요?"
"제가 답을 준 것이 아니라 선생님 잠재의식이 준 거예요. 선생님 잠재의식은 선생님의 그 고민을 다 듣고 있었을 테니까요."

나는 왜 **호오포노포노**가 안 되는 걸까?

선생님 한 분을 정화했을 때, 문득 떠오르는 이미지가 있었습니다. 푸른 숲에 계곡물이 맑게 흐르고 있는 풍경이었습니다. 그러면서 이런 메시지도 함께 느껴졌습니다.

"이 사람은 흐르는 강물처럼 맑고 상쾌한 사람이에요. 다만 생각이라는 돌이 걷어질수록 더욱 활기차게 잘 흐를 겁니다."

이 메시지를 전달해드렸더니, 강의를 오기 전에 숲속에 맑은 물이 흐르는 꿈을 꿨다고 하시면서 자신의 잠재의식이 이런 꿈을 꾸게 해준 거라며 신기해하셨습니다.

또 한 분은 정화를 하니 예쁜 꽃이 떠올랐습니다. 그런데 왠지 그 꽃은 예쁘긴 한데 메말라 보였습니다. 감정과 생각들에 지치고 문득문득 올라오는 불안감에 활짝 피어나지 못하고 몸을 움츠리고 있는 듯한 느낌이었습니다.

그런데 강의 중에 자신의 잠재의식의 이름을 지어오는 과정이 있는데 그분은 놀랍게도 잠재의식의 이름을 '이슬'로 지어오셨습니다. '이슬'이라는 단어가 강하게 떠올랐다고 하셨습니다.

저는 그분의 잠재의식의 센스와 지혜에 감탄할 수밖에 없었습니다.

마른 꽃에 이슬이 맺히고 촉촉한 생명의 에너지를 얻을 때 비로소 그 꽃은 자신의 아름다운 모습과 향을 마음껏 펼칠 것입니다.

그리고 그분에게 촉촉한 생명의 에너지는 바로 잠재의식인 것입니다.

재미있고 유쾌한 에피소드도 있었습니다.

강의를 앞둔 어느 날 아침 서서히 잠에서 깨어날 무렵, 마치 제 의식에 똑똑 노크를 하듯이 다가오는 느낌 하나가 있었습니다.

그 느낌은 마치 이런 메시지를 전하고 있는 듯했습니다.

"저는 ◇◇의 잠재의식입니다. 요즘 이 사람이 통 미용고사를 하지 않고 있답니다. 만나면 미용고사를 꼭 열심히 하라고 말해주세요."

그리고 강의에서 그분을 만났을 때 이 이야기를 해드렸습니다.

그랬더니 그분은 놀란 토끼 눈을 하면서 이렇게 말했습니다.

"어… 처음엔 열심히 미용고사를 했었는데, 최근에 힘든 일이 있어서 하지 않고 있었어요."

그러자 옆에 앉으신 다른 분이 "우와 잠재의식이 가서 고자질한 거네요 ~"라고 말씀하시는 바람에 강의실에 한바탕 유쾌한 웃음이 일었습니다.

또 한 분은 자기소개를 하시면서 본인은 잠재의식을 도대체 느낄 수가 없다며 투덜거리셨습니다. 그런데 그 후 그분의 잠재의식은 의외의 메시지를 전해왔습니다.

"아닌데!!! 우리 친한데!!! 너 왜 모른 척하냐?"

이 느낌을 그대로 그분에게 전달해드렸더니 호탕하게 웃으시며 인정하셨습니다.

"아 맞아요. 우와… 신기하다. 사실은 어렸을 때부터 어떤 존재가 나를 도와주고 이끌어준다는 느낌을 종종 받아왔거든요. 이미 친하다는 말에 부정할 수가 없네요."

잠재의식의 메시지를 전하면서 함께 눈시울을 붉힌 적도 있었습니다.

60대의 어떤 여자 선생님이 계셨습니다. 그분의 잠재의식을 느끼자마자 눈물이 핑 돌았습니다.

"고생했다. 내 아가. 이제는 나한테 기대렴. 내가 안아줄게."

그 메시지는 너무나 따뜻했고, 힘겨웠던 그분의 지난날을 진심으로 위로하고 있음이 느껴져서 가슴이 뜨거워졌습니다.

그리고 며칠 뒤 그분을 직접 만났을 때 그분이 놀라운 경험 하나를 말씀해주셨습니다.

강의를 오기 며칠 전 절에 가게 됐고, 그곳 법당에 앉아있었는데 갑자기 어디선가 엄마의 느낌이 강하게 들었다고 합니다. 마치 옆에 엄마가 와 있는 것처럼 따뜻한 느낌이 생생하게 들어서 눈물이 나더라고 말씀하셨습니다. 그리고 마음속으로 '아… 돌아가신 우리 엄마가 왔나…' 하셨답니다.

곧이어 제가 느꼈던 그분의 잠재의식 메시지를 전달하면서 그 선생님은 확신하게 됐습니다.

자신이 느낀 그 따뜻한 엄마의 느낌이 바로 잠재의식의 느낌이었구나… 하는 것을 말입니다.

그 잠재의식의 메시지처럼 부디 이제는 엄마 품에 안긴 어린아이처럼 마냥 편하고 행복하게만 사시기를 마음으로 함께 응원했습니다.

또 얼마 전 있었던 감동적인 잠재의식의 메시지입니다.

앳되고 여려 보이는 여자 분이었는데 그 선생님의 잠재의식은 이렇게 말했습니다.

"그동안 많이 고달팠지. 온몸에 가시가 박힌 듯 그렇게 아팠지.

그런데 ○○아… 가시는 없단다. 네가 있다고 믿어왔던 그 가시는 진실이 아니었어.

네가 그것을 진심으로 안다면 수많은 고통도 함께 사라지게 될 거야.

넌 누구보다 부드럽고 따뜻해."

이 메시지를 들은 선생님은 이내 눈시울이 붉어지며 놀라움을 금치 못했습니다.

"그 말이 정말 딱 맞아요. 저는 가시가 온몸에 있는 것처럼 예민하게 살아왔어요.

오죽하면 제가 친구들에게 스스로 '나는 고슴도치야…'라고 말하고 다녔겠어요…

정말 놀라워요. 틀림없는 제 잠재의식의 메시지가 맞아요."

그분의 신경을 끊임없이 누르고 압박하고 있었던 것은 실체 없는 수많은 생각과 감정들이라는 가시들이었을 것입니다. 그 가시가 나라고 믿으면서 자신의 진짜 모습을 잃어버리고 마치 예민한 것이 당연한 것처럼, 마치 약한 내 모습이 당연한 것처럼 살아왔을 것입니다.

제 눈에 비친 그 순간의 선생님 모습은 누구보다 따뜻하고 솜털처럼 부드러운 사람이었습니다.

잠재의식과 함께하게 되면 진짜 내 모습이 드러나게 됩니다. 진짜 내 모습을 스스로 인식할 줄 알아야 내 능력도 꿈도 펼칠 수 있게 됩니다.

강의를 하면서 여러 사람들과 교감을 하고, 그분들의 내면 깊은 곳에서 전해져오는 잠재의식의 메시지를 접하게 되면서 저 또한 큰 울림을 받고 그들의 메시지로 인해 배우는 것이 많습니다.

우리나라에서 오랫동안 살고 계신 일본 분이 강의에 오신 적이 있었습니다.

그분의 잠재의식은 그분의 현재의식에게 이런 메시지를 전했습니다.

"그동안 인생의 책 한 권을 완성하느라 수고 많았어.

이제는 그 낡은 책을 덮고 두 번째 책을 새롭게 시작하자.

새로운 책장을 펼쳐 새로운 일들을 하나씩 채워 나가보자."

50대 중반을 바라보고 있는 그분에게 정말 딱 필요한 메시지라는 느낌이 들었습니다. 치열하게 살아왔던 50년 세월의 흔적이 무겁게 그분을 에워싸고 있었는데, 그 메시지를 들으니 저 또한 가벼워지는 느낌이었습니다.

지친 발걸음으로 남은 인생을 버겁게 걸어가는 것이 아니라, 새로운 책을 넘긴 듯 새롭게 태어나 다시 활기를 띠고 나머지 인생의 페이지를 적어 나가라는 그 메시지는 저에게 또한 큰 활력을 줬습니다.

그분은 참 감사하게도 그 후로 종종 안부를 전해주셨는데 안부를 접할 때마다, 새롭게 생각하고 새롭게 감사하고 새롭게 통찰해나가고 계신 것을 느낄 수 있어 흐뭇했습니다.

진지한 표정으로 열심히 강의를 들으시던 남자 선생님 한 분이 계셨습니다.

그분의 잠재의식은 이런 메시지를 전해줬습니다.

"나와 인생은 결코 너에게 잘잘못을 따지지 않을 것이다.

나는 그저 너의 모든 일을 응원할 것이다.

널 볼 때 유일하게 안타까운 점이 있다면 네 인생을 아직 제대로 즐기지 못했다는 것뿐이다."

잠재의식의 메시지를 통해 그분이 얼마나 착하게, 바르게, 무거운 책임을 지고 살아왔는지 알 듯했습니다. 내가 하고 싶은 일보다는 내가 해야 하는 일에 집중하고, 나로 인해 피해를 본 사람은 없는지 늘 신경 쓰면서 자신은 정작 제대로 챙기지 못한 인생이 느껴졌습니다. 그러니 잠재의식이 얼마나 안타까웠을까요…

그리고 얼마 후 강의에 오셔서는 이런 말씀을 하셨습니다.

"선생님. 원래는 미용고사를 할 때, 늘 '용서해주세요'라고 말해왔습니다. 그냥 그렇게 나오더라고요. 그런데 어느 순간 '용서해주세요'에서 '용서합니다'로 바뀌었습니다. 그렇게 말하는 게 어느 순간 편해졌습니다."

"네 맞습니다. 자신이 잘못했다는 생각에서 벗어나세요. 알고 보면 선생님은 잘못이 없습니다. 용서받아야 할 일, 용서를 구해야 할 사람이 더 이상 없습니다.

이제는 본인의 상처를 보세요. 그리고 이제는 그들을 향해 기꺼이 용서한다고 말해주세요."

한눈에 봐도 참하고 순한 인상이 예쁘게 보였던 선생님이 있었습니다. 그 모습만 봐도 마음이 얼마나 여리고 순수한지 알 것 같았습니다. 다만 타인과 세상의 시선에 위축돼 자신의 진짜 매력을 다 펼치지 못하고 사는 것 같아서 마음이 쓰였습니다.

그리고 아니나 다를까 그분의 잠재의식은 이런 메시지를 전해줬습니다.

"네가 주인공이야!"

이 메시지는 짧지만 아주 강하게 저의 가슴에 박혔습니다.

저 또한 수많은 세월을 늘 스스로 탓하고 원망했습니다. 타인을 위한 삶 속에서 저 자신을 잃어가고 있었거든요.

"선생님, 잠재의식의 메시지처럼 선생님이 주인공이에요.

내 세상, 내 인생 안에서는 말이에요.

그러니 주인공처럼 행동하세요. 내가 제일 매력 있고, 늘 내 머리 위를 스포트라이트가 비추고 있다고 생각하세요. 주인공은 잘못해도 이해받고, 푼수 짓을 해도 매력적으로 비치잖아요.

주변에서 맴돌지 말고 이제는 무대 중앙에서 자신 있게 주인공이 되세요."

얼마 전 부산 워크숍에 재수강을 오신 분이 계셨습니다.

그분은 레벨1 강의에서 확언 스티커로 '대단하게 살지 말고 즐겁게 살자'를 받으셨던 분입니다.

재수강에 오서서는 자기소개 시간에 이렇게 말씀하셨습니다.

"저 자신을 알고 싶어서 다시 참석하게 됐습니다."

그 순간 그분의 잠재의식의 외침이 강하게 느껴졌습니다.

"그만!!!! 그냥 즐겁게 살아!!!!"

쉬는 시간에 그분에게 물었습니다.

"선생님 지난 1년 동안 얼마나 즐겁게 사셨나요? 확언 스티커를 얼마나 일상으로 만드셨나요?"

"어…… 즐겁게 살지 못했어요. 저는 늘 저 자신을 알고 싶고 진정한 나를 찾고 싶은데……"

"선생님. '나'를 그만 찾으세요.

그 심각한 고민은 절대 선생님 인생에 도움이 되지 않을 겁니다.

그냥 다 던져놓고 아이처럼 즐거움에 집중해보세요. '나'를 찾지 말고 즐길 거리, 행복할 거리를 찾아보세요.

그 속에서 진짜 선생님을 찾게 될 겁니다.

무거운 질문 다 던져놓고 그저 즐거움에 빠져있을 때 진짜 내 모습을 보시게 될 겁니다."

그리고 그 워크숍에 참석하셨던 또 다른 선생님께서 흐뭇한 일화를 하나 말씀해주셨습니다.

그분은 초등학생인 딸에게 이미 잠재의식에 대한 이야기를 해줬다고 했습니다. 딸은 그 후로 자신의 잠재의식 이름까지 짓고 놀라울 정도로 소통을 잘하고 있다고 하셨습니다.

그러던 어느 날 그 선생님께서 딸에게 하소연했다고 합니다.

"○○아. 엄마는 왜 너처럼 잠재의식과 소통이 안 될까?

네가 대신 엄마 잠재의식에게 좀 물어봐 줄래? 도대체 언제 소통할 거냐고?"

그러자 딸이 이렇게 말하더랍니다.

"물어봤어. 그랬더니 엄마 잠재의식이 이렇게 말해.

'내가 묻고 싶어. 도대체 넌 언제쯤 내가 하는 말을 들을 거야?'"

이 말에 저는 '빵'하고 웃음이 터졌습니다. 정말 전형적인 잠재의식 특유의 표현이었습니다.

얼마 전 강의에서, 큰 통찰을 주었던 어느 분의 잠재의식 메시지입니다. 그분은 자기소개에서, '정화와 소통 워크숍'에 참석하게 된 계기가 자신을 찾고 싶어서라고 말씀하셨습니다. '나'임에도 '나'를 도통 알 수 없어서 인생이 너무 답답하고 또 혼란스럽다고 하셨습니다.

그때 그분의 잠재의식은 아주 선명하게 이런 메시지를 전해줬습니다.

"혼란스러워할 필요 전혀 없어.

부정적인 것을 보지 말고 감사할 것을 보면 너를 바로 찾을 수 있을 거야.

사람은 누구나 순수하고 명료하고 깨끗한데, 부정적인 것에 집착하기 시작하면서 혼란에 빠지게 되는 거야."

이 메시지는 오랫동안 저의 가슴에도 강하게 맴돌았습니다.

천사들이 들려주는 이야기… 그들의 잠재의식이 들려주는 이야기.

그들의 잠재의식이 자신의 현재의식을 위해 들려주는 수많은 멋진 이야기는 결국은 저를 위한 메시지입니다.

'타인'이라는 멋진 책을 펼쳐서 아름다운 메시지와 따뜻한 에너지를 접할 때마다 저는 다시 한번 성장하고 그렇게 한 걸음, 한 걸음 순수함을 향해 걸어갑니다. 그들의 순수한 에너지를 따라서 말입니다.

나는 왜 **호오포노포노**가 안 되는 걸까?

아름다운 사람들

살아가면서 참 많은 사람을 보게 됩니다. 단 하루 동안에도 우리는 수많은 사람을 보게 되죠.

정화와 소통을 하기 전에는 눈을 감고 다녔나 봅니다.

지금 돌이켜 생각해보면 눈앞에 있는 사람들도 제대로 보지 못하고, 나 자신도 아예 보지 못하고 살아왔던 것 같습니다. 그저 내 생각과 감정, 중요하다고 여겨지는 고민과 문제들만 보면서 말이죠.

그랬던 제가 정화와 소통을 하면서 눈을 뜨기 시작했습니다. 마치 처음으로 눈을 뜬 것처럼, 보이는 모든 세상이 신기하고 내 눈앞에 보이는 사람들의 모습도 신기했습니다.

그리고 결국 그 모든 것에는 저에게 오는 교훈과 가르침이 있음을 알게 됐습니다. 모든 것들이 성장을 위한 교과서인 듯 말입니다.

그런 경험들 하나하나는 인생의 새로운 희열을 느끼게 해줬고, 동시에 저 자신을 보고 바로잡을 소중한 기회가 됐습니다.

길을 가면서 무심코 마주치는 사람들…

어느 담벼락에 유난히 색이 붉은 장미꽃들이 피어있었습니다.

길을 가던 한 아주머니가 갑자기 '아… 너무 예쁘다.'라며 작은 탄성을 지르시더니 꽃 앞에서 한참을 서 계셨습니다. 그 옆을 지나가며 그분의 표정을 잠시 봤는데 장미보다 더 아름다운 미소로 꽃을 보고 계셨습니다. 온전히 아름다움에 초점을 맞추고 어린 소녀같이 감동을 받는 그 모습을 보면서 저는 생각했습니다.

'아주머니는 꽃이 아름답게 보이시죠.
저는 그 꽃의 아름다움을 볼 줄 아는 당신이, 더 아름답게 보입니다.'

한 아파트를 지나치고 있었습니다. 그곳 경비아저씨는 열심히 청소 중
이었습니다.

아파트 단지 내에 있는 쓰레기 몇 개를 발로 쓱쓱 밀어내더니 아파트
단지 경계선 너머 도로로 차서 내버리고 있었습니다. 지나가던 제 발등
위로 아저씨가 발로 차고 있던 전단지 뭉치가 부딪혔습니다. 한 장의
종이 뭉치였지만 제 온몸에 묵직한 통증이 느껴졌습니다.

그 아파트를 지나고 다른 아파트 옆을 지나가고 있는데 마치 약속이라
도 한 것처럼 그 아파트 경비아저씨 역시 청소를 하고 계셨습니다. 그
런데 그분은 아파트 경계선을 나와서 아파트와 상관없는 도로 위의 쓰
레기까지 주워서 청소하고 계셨습니다.

그 모습을 보는데 조금 전에 느껴졌던 묵직한 통증이 이내 싹 사라지는
것 같았습니다.

어느 세미나 참석 때 일입니다. 강의 내내 어떤 분이 수업을 방해할 만
큼 크고 작은 소음을 내고 있었습니다. 볼펜을 달그락거리기도 하고 이
빨이 불편한지 큰 소리로 쩝쩝거리기도 하고, 여러 사람이 계속 뒤를
힐끔힐끔 돌아보면서 눈치를 주는데도 자신은 전혀 모르고 강의 내내
그러고 계셨습니다.

저는 속으로 '사람들이 불편하다고 저리 눈치를 주는데도 둔해서 모르
시나 보다.'라고 생각했습니다.

그런데 강의가 끝나고 다 함께 식사하게 된 자리에서 그분은 의외의 모습
을 보이셨습니다. 사람들이 가득 차 있는 시끌벅적한 식당이었는데, 여느
식당과 마찬가지로 그곳에는 유행하는 가요가 흘러나오고 있었습니다.

그런데 갑자기 그분의 표정이 찡그려지더니 종업원을 불러 짜증스럽게 말하는 것입니다.

"음악 소리 좀 확 줄여주세요. 너무 시끄러워서 거슬려요. 제가 워낙 소음에 민감한 사람이라서요!"

동네에 맛있어 보이는 빵집이 있어 들어갔습니다. 그곳에서 빵 하나를 사서 커피와 함께 먹고 있었습니다.

그때 허름한 작업복을 입은 한 아저씨가 빵집 창문에 붙어서는 어딘가를 뚫어지게 쳐다보시는 것입니다. 빵집 근처에 한창 공사 중인 건물이 있었는데 한눈에 봐도 그곳에서 방금까지 일하다가 오신 것 같았습니다. 온몸에 먼지가 가득했고 일하면서 더러워진 작업복 주머니에는 낡은 연장이 보였습니다. 빵집 안을 쳐다보시던 그 아저씨의 눈빛은 점점 간절함으로 변해가는 듯이 보였고, 제 머릿속은 온갖 생각들로 가득 차기 시작했습니다.

'빵이 드시고 싶으신가? 들어오셔서 사드시지. 혹시 돈이 없으신가? 하나 사드릴까?'

그 순간 케오라가 이렇게 말했습니다.

"지금 저분은 빵을 보고 있는 것이 아니야.

빵보다 훨씬 더 달콤하고 소중한 것을 보고 계시지.

빵집이라고 빵만 있는 것은 아니잖아."

그러고 보니 그분의 애타는 시선이 머문 곳은 빵의 진열대가 아니었습니다. 진열대 너머 빵을 만들고 있는 작업실이었습니다.

그리고 그곳에는 앳돼 보이는 한 소녀가 머리에 커다란 요리 모자를 쓰고 열심히 밀가루 반죽을 하고 있었습니다. 그 옆에는 사장님으로 보이는 한 남자 분이 계셨는데 그 모습은 흡사 스승이 어린 제자에게 기술을 가르치고 있는 모습이었습니다.

그때 빵을 만들던 소녀가 자신을 애타게 보고 있는 아저씨를 발견하고는 놀라고 기쁜 듯이 소리를 질렀습니다.

"아빠! 사장님 저희 아빠예요. 잠시만 나갔다 올게요."

그리고는 한걸음에 뛰어나가 아버지 손을 잡았습니다.

"아빠. 일하다가 온 거야? 밥은 먹었어? 힘들진 않아? 왔으면 들어오지. 얼마나 기다린 거야?"

그 소녀는 속사포처럼 많은 질문을 쏟아냈습니다.

"아니야. 이 모습으로 빵집에 들어가면 민폐지. 그냥 일하는 네 모습 보려고 잠시 들렸어. 일은 재밌어?"

"응 정말 재밌어. 아빠 나중에 집에서 보자. 우리 아빠 사랑해. 안녕 ~~~"

어찌나 밝은 모습으로 애교를 부리는지 애처롭게 보이던 아저씨의 눈빛에는 이내 사랑이 가득 차올랐습니다.

그리고는 빵집으로 다시 그 소녀가 들어왔는데 사장님이 그 소녀를 꾸짖는 것이었습니다.

"너는 아버지를 그렇게 보내면 어떡하니? 들어오시게 해서 빵이라도 대접해야지. 에구 정말. 다음부턴 절대 그러지 마. 그리고 나중에라도 집에 갈 때 빵 좀 가지고 가서 챙겨드려."

이래서 이 집 빵이 그렇게 달콤하고 맛있었나 봅니다.

사람들의 모습은 내 모습입니다. 케오라는 늘 그렇게 이야기합니다.

타인은 나를 비추는 거울이라고, 세상은 내 내면을 비추는 거울이라고 말합니다.

아름다운 모습도, 보기 불편한 모습도 결국은 다 내 모습입니다.

지금 내 앞에 아름다운 사람이 있다면 그것은 내 아름다움을 보라는 뜻입니다.

지금 내 앞에 나를 불편하게 하는 사람이 있다면 내가 숨겨놓고 살아왔던 내 단점을 꺼내서 보라는 뜻입니다.

정화와 소통을 하면서 보게 된 세상은 저에게 기대 이상의 것이었습니다. 세상이 얼마나 아름다운지를 알게 해줬고, 내가 어떤 모습으로 살아야 할지에 대해서 늘 따뜻하게 안내해줬고, 나도 모르고 살아왔던 내 모습에 눈을 뜰 수 있게 해줬습니다.

유난히 추웠던 어느 겨울이었습니다.
폐지를 모으는 한 할머니가 커다란 수레를 끌고 오시는 모습이 보였습니다.
가까이에서 보니 할머니의 옷이 너무 얇았습니다. 살을 에는듯한 추위에 얇은 가을 잠바 몇 개를 겹쳐 입고 계셨습니다.
순간 어디서 그런 용기가 나왔는지 저는 입고 있던 두꺼운 파카를 벗었습니다.
그리고 할머니에게 파카를 내밀면서 이야기했습니다.
"할머니 제가 집에 겨울옷이 너무 많아요. 괜찮으시면 이거 입으실래요?"
순간 놀라시는 듯하더니 이내 웃으면서 그 옷을 받았습니다.
"정말 옷이 많아서 주는 거야? 난 이런 옷 하나도 없는데. 내가 받아도 돼?"
그렇게 옷을 드리고는 집으로 총총거리고 걸어오는데 춥다는 생각이 전혀 들지 않았습니다.
그런데 며칠 뒤 다시 마주친 그 할머니는 제 잠바를 입고 있지 않았습니다. 늘 입던 옷차림이었습니다.
'내 옷은 도대체 어쩌고 저러고 다니시는 거지? 다른 사람에게 줘버렸나?'
순간 안타까움과 원망이 함께 올라오는 듯했습니다. 그러자 케오라가 이렇게 말했습니다.

"지금 네 옷은 할머니 집 벽 옷걸이에 아주 귀하게 걸려 있어.
너무 깨끗하고 좋은 옷이라서, 이런 옷이 자신한테는 없어서, 아끼시다
가 좋은 곳에 갈 때 입으실 거래."

눈물이 핑 돌았습니다. 결코 좋은 옷이 아닌데 말입니다.

그리고 케오라가 덧붙여 이야기했습니다.

"지금 그 옷은 그분 거야. 그런데 너는 아직도 네 옷이라고 생각하고 있
구나."

할머니가 제 옷을 따뜻하게 입고 일하시기를 바라는 것 또한 제 욕심일
뿐이었습니다.

아마 할머니에게는 고된 일상을 마치고 집으로 돌아와서 곱게 걸려있
는 그 옷을 보는 것만으로도 따뜻하고 행복할지도 모릅니다. 잠시 그
옷을 보면서 이거 입고 친구들이랑 좋은 곳에 놀러 가야지 상상하는 것
만으로도 최고로 따뜻하고 행복할지도 모릅니다.

언젠가 강의에서 어떤 분이 이렇게 말씀하셨습니다.

"선생님. 저는 직업상 사람들을 많이 만나야 하는데 그게 너무 귀찮고
싫어요."

"그럼 선생님은 무엇을 좋아하시나요?"

"저는 꽃을 좋아해요. 너무 예쁘잖아요."

"선생님 사람도 신이 만든 꽃입니다. 제각기 모습이 다른 꽃이죠.
참 경이로운 것은 그 꽃이 걸어도 다니고 말도 하고 나에게 스스로 온
다는 겁니다. 너무 멋지지 않나요?"

순리? 완벽? 권선징악?

'순리대로 사는 삶'이라는 말, 다들 들어보셨을 것입니다.

이 말은, 정화와 소통을 하지 않았던 시절의 저에게는 멀고도 먼 도인의 경지에서나 따를 수 있는 것이었습니다.

모든 일에 평화로울 수 있고, 잔잔한 물결처럼 매사에 동요 없이 고요하게 흘러가고, 흠 하나 없이 그저 깨끗하게만 사는 것이 순리를 따르는 삶이라는 막연한 생각을 하기도 했습니다.

모자란 부분도 많고, 모난 부분도 많은 제가 순리대로 살기 위해서는 너무나 많은 희생과 끈기와 참을성이 필요할 것만 같았습니다.

화가 나도 자제할 줄 알아야 하고, 남에게 민폐를 주는 일은 늘 조심해야 하고, 내 욕심을 위해 큰소리치고 싶은 욕구는 부끄럽게 여겨야 할 것만 같았습니다.

그러기에 저에게는 순리대로 산다는 것이 참 와닿지 않았습니다.

그런데 정화와 소통을 하고, 제 깊은 의식과 교감을 하기 시작하면서 이 말은 완전히 다르게 보이기 시작했습니다. 그동안 제가 '순리'라는 것에 대해서 너무나 많은 오해를 하고 있었다는 것을 알게 됐습니다.

제가 새롭게 보게 된 '순리'는 너무나 가깝고 쉽고 친근한 그 무엇이었습니다.

저의 잠재의식인 케오라는 제가 감정을 누르고 억압하려고 할 때마다, 그리고 선택을 앞두고 심각한 고민에 빠져있을 때마다 이렇게 말했습니다.

"화가 나면 화를 내는 것이 순리야. 슬프면 우는 것이 순리야.

싸워야 하는 인연이라면 싸우는 것이 순리이고, 아파야 할 때라면 아픈 것이 순리야.

사계절의 흐름을 막을 수 없듯, 순리대로 살지 않는 사람은 없어.

순리대로 산다는 것은, 그 무엇을 따르는 것도 아니고 무언가를 해야 하는 것도 아니고 변해야 하는 것도 아니야.

그저 내 인생, 내 존재 자체가 완벽한 순리 안에 있음을 알기만 하면 돼.

우리가 아무리 순리를 벗어나려고 애를 써도 절대 벗어날 수 없다는 것을 아는 거야.

순리는 신의 법칙이니까."

이제 저는 말 그대로 '순리대로' 삽니다.

화가 나면 화내고 있는 내 모습을 존중해줍니다.

슬프면 실컷 울면서 눈물범벅이 된 내 모습을 존중해줍니다.

내 단점이 보이면 이것 또한 내 모습의 일부라고 존중해줍니다.

누군가와 갈등해야 할 상황이 오면 치열하게 갈등합니다.

중요한 것은 더 이상 제 인생, 저 자신과 싸우지 않는다는 것입니다.

이런저런 내 모습, 이렇게 저렇게 흘러가는 내 인생과 늘 사이좋게 지내는 것, 그것이 지금 저에게는 '순리'입니다.

또한 실제로 순리를 거스르고 있는 것이 아니라, 순리를 거스르고 있다는 착각에서 깨어나는 것이 순리대로 사는 것이라는 것을 알게 됐습니다.

우리는 다들 '완벽한 삶'을 살고 싶어 합니다.

나는 왜 **호오포노포노**가 안 되는 걸까?

저에게 '완벽'이라는 단어는 일종의 동경의 단어였습니다. 많은 단점을 가지고 있는 제가 성장을 위해서 막연히 추구하는 단어였습니다.

그리고 저에게 '완벽'이라는 단어는 늘 최상의 좋은 것을 지칭하는 듯 보였습니다.

예쁘고, 건강하고, 착하고, 바르고, 풍요롭고, 능력 있고…… 이 세상에 존재하는 모든 최상의 상태를 다 갖다 붙였을 때 비로소 '완벽'이라는 단어를 붙일 수 있는 자격이 생긴다고 착각하며 살아왔던 것 같습니다.

그러니 제 인생에 '완벽'이라는 것은 결코 있을 수 없는 상태였습니다.

그런데 정화와 소통을 하기 시작하면서 저는 '완벽한 삶'을 살게 됐습니다.

저라는 사람은 아주 '완벽한 사람'이라는 것을 알게 됐습니다.

'완벽'이라는 단어에 대한 오랜 오해에서 벗어났기 때문입니다.

저는 태어난 순간부터, 지금까지 단 한 번도 완벽하지 않았던 적이 없었다는 것을 케오라를 통해 알게 됐습니다.

모든 저의 순간이, 하나의 완벽한 작품의 일부라는 것을 케오라는 알게 해주었습니다.

여러 사건에 휘청거렸던 순간도 내 인생의 한 색깔이었고,

깊은 좌절을 맛보던 순간도 내 인생의 그저 한 색깔이었을 뿐입니다.

그리고 그 색깔들이 하나하나 갖춰지면서 세월의 흐름과 함께 제 인생의 작품은 더 빛을 발하고 있었습니다.

완벽한 검은색, 완벽한 흰색, 완벽한 빨간색, 완벽한 노란색의 매 순간이 모여 완벽한 인생을 만들고 있었던 것입니다.

그리고 중요한 것은 이 세상 모든 인생이 각각의 '완벽한 작품'이라는 것입니다.

제 모습 또한 '완벽'합니다. 이렇게 생긴 것이 저에게는 완벽한 모습입니다.

저보다 예쁘고 건강한 사람은 많지만, 그들을 부러워하지는 않습니다. 지금 이만큼의 모습이 제 인생의 작품에 가장 잘 어울리는 모습이거든요.

이제는 압니다. 불완전한 제 모습이 가장 완벽한 모습이라는 것을 말입니다.

저의 불완전한 모습과 매 순간들이 제 인생을 얼마나 완벽하게 채우고 있는지,

저의 불완전한 인생이 이 세상 만물에 얼마나 완벽한 일부가 되고 있는지, 그 가치를 잘 알기에 저는 저 자신이, 인생이 아주 아름답고 사랑스럽습니다.

어릴 적, 많이 읽었던 동화책의 대부분은 우리에게 늘 똑같은 교훈을 주었습니다.

흥부전, 콩쥐팥쥐, 신데렐라 등등 그 교훈은 바로 '권선징악'입니다.

선을 권하고 악을 징벌한다는 '권선징악', 쉽게 말하면 착하게 살면 복이 오고 나쁜 짓을 하면 벌을 받는다는 것입니다. 여기까지는 다들 잘 알고 있을 것입니다.

어릴 때부터 '착하게 살아야 한다. 나쁜 짓 하면 벌 받는다.'라는 개념은 뿌리 깊이 우리에게 흡수돼왔습니다. 그러면서 '착하게 살아야 한다.'는 강박증에 시달리는 우리의 모습이 아주 당연하고 자연스러워졌습니다.

어쩌면 우리 주변에 소위 '나쁘게 사는 사람들'은 어릴 적부터 수도 없이 들어왔던 '착하게 살아야 한다.'에 대한 반항아들일지도 모릅니다.

더 명확히 표현하자면 착하게 살아야 한다는 사회적 강박에 대한 반항입니다.

또한 과거의 자신에 대한 실망스러웠던 경험을 통해 '나는 이미 다른

사람들처럼 착하기는 틀렸어!'라는 자포자기가 그들을 더 반항아로 만들었을지도 모릅니다.

이미 착한 사람이 아니라는 낙인은 찍혔고, 무너지는 것을 선택하면서 스스로 벌을 주고 있는 사람들일 수도 있습니다.

정화와 소통을 하면서 처음으로 스스로 이런 질문을 던져봤습니다.
"도대체 착하게 산다는 게 뭐지?
난 나름대로 착하게 살려고 노력했는데 상대가 나를 격렬하게 비난한다면, 그럼 난 나쁜 사람인 건가?
나쁜 짓이라는 것은 어디까지를 말하는 거지?
법에서 정한 규칙? 아니면 전통적으로 내려오는 예절, 도덕 뭐 그런 것들?
뭐야? 너무 추상적이잖아."

착하게 살아야 한다는 것은 당연하게 알겠는데, 나쁘게 살면 안 된다는 것 또한 잘 알겠는데, 정작 어떻게 사는 것이 착한 것인지, 어떤 행동이 나쁜 것인지조차도 모르고 살아왔다는 것이 참 당황스러웠습니다. 그리고 왜 한 번도 이 당연한 질문을 스스로 던져보지 않았는지도 말입니다.

어릴 적 우리는 그저 선생님, 부모님이 꾸짖으면 나쁜 행동, 칭찬하면 좋은 행동으로만 생각하며 살아왔습니다. 커서는 사회생활에서 누군가가 칭찬하면 나는 착한 사람, 누군가 비난하면 쉽게 스스로 자책하며 나쁜 사람으로 살아왔습니다.

명확한 기준도 없이, 상대방의 반응에 착한 사람이었다가 어느 날은 또 나쁜 사람이었다가를 반복하며 중심 없이 살아왔습니다.

그 과정에서 자책과 죄책감은 점점 쌓여만 갔고 늘 스스로 벌하고 괴롭혔습니다.

케오라는 저에게 '착하게', '바르게'라는 단어를 쓴 적이 없습니다.

죄책감의 순간에도 케오라는 저에게 늘 '너는 완벽해'라고 말해줬고, 어떤 일을 선택하는 순간에도 '네가 가장 편할 수 있는 선택'을 하라고 합니다.

'네가 가장 편할 수 있는 선택이 가장 완벽한 선택'이라고 말해줬습니다.

그 선택이 누군가에게 피해를 주거나 상처를 주게 될지도 모르는 순간에도 케오라는 그 선택을 격려해줬습니다.

"나는 단 한 번도 너를 미워한 적이 없었어. 늘 네 마음이 너를 미워했었지.

너 자신을 먼저 배려해주지 못할 때 이미 착함은 깨져버리는 거야."

동화책이나 영화에서 보면, 주인공이 온갖 시련과 역경을 견디고 꿋꿋이 참고 착하게 살면 복을 받습니다.

하지만 인생의 권선징악은 동화책과는 다릅니다.

인생의 권선징악은 그저 인과법일 뿐입니다.

'희생'이라는 씨앗을 심었을 때 '보상'이라는 열매가 나오는 것은 아닙니다.

'희생'이라는 씨앗을 심었을 때는 '희생'이라는 열매가 나옵니다. 그게 인생의 법칙입니다.

그럼 희생이 나쁘다는 것일까요? 아닙니다.

똑같은 행위도, '내가 지금 누군가를 위해 희생을 하고 있어'라는 씨앗을 심는 것과 '이건 나에게 유리한 행동이야.'라는 씨앗을 심는 것은 완전히 그 결과가 다르다는 것입니다.

누군가의 치열한 갈등 속에서 참을성 있게 조용히 침묵을 지키는 행동도, 두려움이나 무시로 인한 침묵과 그 사람을 이해하는 침묵의 결과는 완전히 다르다는 것입니다.

그 사람을 이해하지 못해서 억울함과 화가 치밀어 오르는데도 평화로운 척 자애로운 척 참고 있는 것은 결코 긍정적인 씨앗이 될 수 없습니다. '억울함', '분노'라는 씨앗이 새롭게 만들어지고 있을 뿐입니다.

'내가 큰 피해를 봤으니 내 인생에 큰 카르마가 풀렸겠지…' 라는 것 또한 착각입니다.

'피해자'라는 씨앗은 또 다른 '피해자'라는 열매를 만들 것입니다.

그렇게 나는 오랜 세월을 피해자의 자리에 머물 것이고 원망의 열매를 늘 보게 될 수도 있다는 것입니다.

스스로 내 안의 기억을 정화하고, 피해자라는 신념을 바꾸지 않는 한 말입니다.

이렇기 때문에 '정화와 소통'이라는 개념이 중요합니다.

겉으로 착해 보이는 것이 얼마나 의미 없는지를 스스로 내면을 돌아보며 알게 되고.

착한 줄 알았던 내가 알고 보니 끊임없이 내면에 부정적인 씨앗을 넣고 있었다는 것을 알게 되니 말입니다.

내가 나를 모르면 우리는 아무것도 할 수 없습니다. 무능력하게 살 수밖에 없습니다.

평생 착하게 살고도 늘 벌 받는 것 같은 고통스러운 인생 속에 놓일 수도 있습니다.

언젠가 케오라가 이런 말을 했습니다.

"인생을 객관적으로 심판하는 존재는 없어.

이생을 마치는 순간 너를 가장 아프게 하는 것은 후회와 자책일 거야.

네 마음이 너를 심판할 거야."

모든 만물을 창조하신 신이 정말 계신다면, 그 신은 우리의 삶 끝에 이렇게 물으실 것입니다.
"너는 너 자신을 얼마나 사랑했느냐…"
신이 우리에게, 이 세상 모든 사람을 사랑하고 용서하고 아끼고 베풀라는 무거운 짐을 짊어지게 했다는 것은, 신에 대한 우리의 큰 오해였는지도 모릅니다.
당신의 자식인 사랑스러운 우리에게 그저 자신을 얼마나 사랑하고 아끼며 살았는지를 먼저 물어보시며 안타까워하실 수도 있습니다.

모든 만물을 창조하신 신이 정말 계신다면, 그 신은 우리의 삶 끝에 이렇게 물으실 것입니다.
"너는 얼마나 너답게 살았느냐."
얼마나 많은 사람에게 공덕을 베풀었는지를 묻지는 않으실 것입니다.
우리가 객관적이라고 생각했던 수많은 기준이, 신 앞에서는 아무런 의미가 없을지도 모릅니다.
한 송이 꽃에게 호랑이의 용맹함을 요구할 수 없는 것처럼 말입니다.

화내고 싶은 대로 화를 내는 것이 순리라고 말하고,
불완전한 내 모습이 완벽한 내 모습이라고 말하고,
착하게만 사는 것이 답이 아니라고 하니, 이 글을 읽으면서 불편한 마음이 드시는 분들이 꽤 계실 것 같습니다.
'그럼 모든 사람이 자기감정을 다 표출하고, 마음껏 싸우고,
완벽하게 살려는 노력도 하지 않고, 다들 이기적으로 살아도 된다는 말입니까. 그럼 세상이 엉망이 될 것 같은데요.' 하시는 분들도 계실 것 같

습니다.

참 신기한 것은, 이렇게 자유로워진다는 것이 혼란을 야기할 것 같지만, 아니라는 것입니다.
단 이 자유는 '정화와 소통' 안에서의 자유입니다.

나를 바로 볼 줄 아는 힘이 생기고, 미용고사와 같은 아름다운 말이 생활화되고, 무엇보다 내 인생의 가장 현명하고 지혜로운 잠재의식의 에너지가 활성화돼 나를 감쌀 때,
더 이상 세상의 그 복잡한 기준과 규정은 의미가 없어집니다.
모든 중심과 기준이 나에게 맞춰지고 나 하나만을 보살피면서 자유롭게 살아가는데도 저절로 나의 행동과 말들이 타인을 위한 것으로 자연스럽게 일치되는 신비로운 조화를 느끼시게 될 것입니다.

제가 강의에서 많이 받는 질문 중 하나가 이것입니다.
"선생님. 도대체 어떻게 내려놔야 하나요? 내려놓고 싶은데 너무 어렵네요."
"내려놔야 한다는 강박증에 시달리고 계시네요.
제발 도인처럼 살려고 하지 마세요.
그냥 나답게 사세요. 그게 순리이고 그게 완벽한 것입니다.
안 내려놓으셔도 됩니다.
그냥 내가 붙잡고 싶으면 붙잡으세요. 단 붙잡고 있는 내 모습을 보고 존중해주세요.
그냥 내가 할 수 있는 만큼만 적당히 내려놓자 하세요.
그게 나에게 가장 완벽한 내려놓음입니다."

카르마를 멈추는 방법

◆ **자이가닉 효과**
　마치지 못한 일을 마음속에서 쉽게 지우지 못하는 심리적 현상.

심리학에 대한 전문적인 지식은 없지만, 우연히 어느 기사를 통해 자이가닉 효과에 대해 알게 됐을 때 문득 이런 생각이 떠올랐습니다.
'자이가닉 효과가 카르마를 반복시키고 있겠군.'
다시 말하면 만족스럽지 못한 그 무언가가 카르마를 반복시키는 것이며, 미완성이라는 우리의 인식이 똑같은 그 상황을 두고 완성이라는 인식이 들 때까지 반복시키는 것입니다.

케오라는 카르마에 대해 이렇게 이야기합니다.
'카르마란 과거의 특정 기억에서 기원한, 규칙성과 일정한 패턴을 이루고 있는 농축된 에너지의 흐름이야. 이것은 생과 생을 초월하며 연결고리를 이루고 있어.
그리고 이것은 생각과 감정의 길을 통해 흐르고 있어.
수백 년을 반복돼오던 그 경험도 그것을 대하는 감정과 생각이 완전히 바뀌게 되면 그 성질도 바뀌게 돼.

수백 년을 반복돼오던 그 사건도 내가 생각과 감정을 주지 않으면, 그 고요함 속에서 비로소 불씨가 꺼지게 돼.'

케오라의 말이 맞는다면 우리의 인식이 카르마의 성질을 바꿀 수 있다는 것이고, 인식을 넘어 분별과 선입견 없이 그것을 고요하게 경험하고 바라볼 때 카르마의 흐름을 멈출 수 있다는 것입니다.

또한 현재의 만족감도 중요합니다. 만족은 곧 완성으로 인식되기 때문입니다.

완성이라고 인식되는 순간 우리는 더 이상 그것을 계속 손에 쥐고 있으려고 하지 않습니다. 마음 편히 그것을 내려놓고 다음 미완성 거리를 찾게 될 것입니다.

이미 완성된 퍼즐에 더 이상 시간을 들이지 않는 것처럼, 완성이라는 인식은 오랜 시간을 끌어왔던 카르마를 멈추게 합니다. 결국은 뭔가 해야 할 것 같은 또는 해결해야만 하는 그 무엇이 남았다는 미완성의 인식이 끈적끈적한 감정과 생각을 끊임없이 만들어내어 카르마를 돌리고 있는 셈입니다.

그리고 현재의 만족은 과거의 시련도 달콤하게 바꿔버립니다. 과거는 이미 흘러가 버린 것이니 전혀 바꿀 수 없다는 것은 우리 의식의 고정적인 관념일 뿐입니다.

에너지 세상 속에서 과거는, 여전히 살아있고 유동적이며 이 순간도 현재와 미래에 끊임없이 영향을 주고 있습니다.

내가 현재 상황에 만족하고 있다면 지금의 상황, 지금의 나를 만들어왔던 수많은 과정 속의 경험들 또한 그 의미가 완전히 달라집니다.

고통스럽기만 했던 그 사건도 나의 성장을 위한 소중한 기회로 모습이 바뀌게 되고, 원수 같던 그 사람도 나에게 큰 교훈을 남긴 은인으로 바꿰게 되며, 억울함에 눈물 흘렸던 그 일도 젊은 날의 달콤한 시련으로 모습이 바뀌게 됩니다.

그리고 최면 세션을 통해, 카르마를 멈추게 할 수도 있습니다.
최면 세션 중에, 현재의 불만족을 해결하기 위해서 과거의 기억을 역행하기도 합니다. 그렇게 찾아간 과거의 경험을 이해와 통찰로 마무리 지어 완성할 때, 그 완성은 현재의 만족과 완성으로 이어지게 됩니다.

카르마의 정리에 최면이 얼마나 유용한지에 대해서는 저자의 책《내 인생의 날개를 펼쳐라》에서 자세히 다루고 있습니다.

어찌 됐든 결국 과거, 현재의 만족감은 완성으로 이어지게 되고 미래에서는 더 이상 같은 경험을 하지 않게 됩니다.
이것이 바로 카르마가 풀리는 과정입니다.

경험 자체가 카르마를 풀지는 못합니다.
그 경험을 체험하고 있는 우리의 인식이 바뀌지 않는다면 그 경험은 수백 년 동안 반복될 것입니다. 미완성을 완성으로 인식하고 불만족을 만족으로 인식할 때까지 말입니다.

어떤 사건에서 내가 이겨야만 그 일이 완벽한 것이라는 우리의 인식,
그 사람과의 인연이 반드시 아름다운 결실을 거둬야만 완성이라는 우리의 인식,
어떤 일이든 손해 없이 이익이 생겨야만 비로소 만족감을 느끼는 우리의 인식,
그 인식을 스스로 돌아보고 그 시야를 넓힐 줄 알아야 합니다.

나는 왜 **호오포노포노**가 안 되는 걸까?

누군가의 갈등에서 내가 졌다면, 그 일에서는 내가 지는 것이 완벽한 일인 것입니다.

누군가와 안 좋게 헤어졌다면 그 누군가와는 이렇게 헤어지는 것이 가장 완벽한 일인 것입니다.

내 인생에 오는 매 순간의 경험들은 각각의 완벽한 색깔을 하고 완벽하게 흘러가고 있습니다.

예뻐야지만, 깨끗해야지만, 내 뜻대로 일이 돌아가야지만, 내 목표가 달성돼야지만 그 일이 완성되는 것은 아니라는 것입니다.

언젠가 여행지에서 바다로부터 이런 메시지를 느낀 적이 있었습니다.

"세상에서 일어나는 모든 경험은 메시지를 가지고 있어.
그 메시지를 알아차리는 순간 그 경험은 사라지게 돼."

나에게 일어나는 모든 사건과 경험들에는 나에게 전하고자 하는 메시지가 있다는 것입니다. 그리고 저는 정화와 소통을 하면서 그 각각의 메시지에 대해 이해할 수 있었습니다.

그 어떤 인연도, 그 어떤 사건과 경험들도, 고요하게 그것을 관찰하다 보면 그리 어렵지 않게 나에게 주려는 메시지를 찾을 수 있었습니다.

그리고 그것은 늘 긍정적인 것이었고, 감사한 것이었으며 나에게 유리한 것이었습니다.

예전의 저라면 좌절을 느낄 만한 일에 직면했을 때, 그 좌절 속에 빠져 긴 시간을 보내면서 결국은 그 일을 불쾌하고 찝찝한 감정의 방에 미완성이라는 제목을 붙이고 넣어놓기를 반복했을 것입니다.

그리고 그것은 내가 언젠가는 풀어야 할 미제의 사건처럼 잊을 만하면 또 드러나고 잊을 만하면 또 반복되면서 저를 괴롭혔을 것입니다.

하지만 이제는 알게 된 사실이 있습니다. 그 사건, 그 경험은 저에게 자신을 깨끗하고 완벽하게 해결하라고, 말하고 있지 않다는 것입니다.

그 사건 그 경험은 그저 자신을 있는 그대로 인정하고 존중해달라고 말하고 있는 것입니다.

그렇게 우리가 그것들을 있는 그대로 인정해줄 때, 비로소 그 속에 숨겨진 보석 같은 통찰이 눈에 보이게 됩니다.

어둠 속에서도 결국 감사할 거리가 있음을 알게 되고, 막막함 속에서도 나에게 유리한 부분을 기가 막히게 찾게 되고, 마냥 부정적일 것만 같던 그 속에서 마침내 나를 성장시켜줄 중요한 열쇠를 발견하게 됩니다.

저도 완벽한 사람은 결코 아닙니다. 오늘 하루도 이만큼, 또 이만큼 무럭무럭 성장해나가는 중일 뿐입니다.

저 역시도 여전히 어떤 심각한 일에 직면했을 때, 수백 년을 반복해왔던 습관과 패턴 그대로 움직이고 헤매는 경우가 종종 있습니다.

하지만 아무것도 모르고 경험을 하던 시절과는 비교할 수 없을 만큼, 지금은 카르마 처리를 나름대로 열심히 하고 있다는 자부심이 있습니다. 아직 살아가야 할 날이 많으니 욕심 없이, 오늘 하루 또 성장한 만큼만 충실하게 매 순간의 카르마를 잘 대하고 있다는 자부심은 있습니다.

고요함의 자리에서 바라볼 수 있는 힘.

그 일에 대처하고 있는 내 모든 모습을 낱낱이 볼 수 있는 힘.

내 말, 행동, 생각, 감정을 제대로 보고 중심을 잡을 수 있다면 더 이상 숙명, 필연적인 카르마는 의미가 사라지게 됩니다.

언젠가 케오라가 이런 말을 한 적이 있었습니다.

"너를 혼란스럽게 하는 경험, 그 순간에도 네가 나를 느낄 수 있다면 카르마는 의미가 없어져."

몇 달 전 있었던 일화입니다.

강의를 신청하신 후에 개인사정으로 인해 취소 환불을 하는 경우가 종종 있기도 합니다.

그런데 어느 회, 강의를 2주 정도 앞둔 즘에 며칠 동안 6명이 한꺼번에 줄줄이 환불을 요청하는 것입니다. 물론 나름대로 사정은 다들 있으셨을 것입니다.

하지만 많은 인원이 갑자기 빠져버리자 당황스러웠던 저는 짧은 순간 이런 생각을 했습니다.

"앞으론 꼭 강의를 듣고 싶으신 분들만, 신중하게 결정하고 신청하셨으면 좋겠어."

그때 케오라가 제 생각을 향해 단호하게 말했습니다.

"참 감사한 인연들이야. 좋은 길을 열어주고 나가는 사람들이니 말이야."

순간 제 생각이 부끄러워졌습니다. 그래서 다시 마음으로 그분들께 말했습니다.

"이렇게 좋은 길 열어주고 나가주셔서 감사합니다. 좋은 인연에 감사합니다."

참 신기했던 것은, 결과적으로 그 강의 때, 여느 때보다 오히려 사람들이 훨씬 많았다는 것입니다.

그리고 지금도 가끔 강의 전에 취소하시는 분들이 계시면 편한 마음으로 감사함을 이야기합니다. 짧은 인연이었지만 정화하고 감사를 전합니다.

그러면 거짓말같이 그 자리에 2명, 3명의 멋진 인연들이 들어오게 되는 경험을 바로 하게 됩니다. 케오라의 말처럼 정말 좋은 길을 열어준 것이 맞구나 싶을 정도로 말입니다.

성숙이란, 어떤 상황에서도 상처받지 않는 강한 상태가 아닙니다.

성숙이란 상처받고 있는 내 모습도 인정하고 안아줄 수 있는 것입니다.

완벽하게 만들려고 애쓰지 마세요. 그 애씀이 카르마를 돌리고 있는 원동력이었습니다.

불완전한 모습도 딱 그만큼이 완성이었다고, 불완전함의 임무를 완벽하게 완수한 것이라고 격려해주세요.

매 순간을 그렇게 정성스럽게 마무리 지어주세요.

카르마를 해결하는 방법은 결코 어렵지도 먼 곳에 있지도 않습니다.

'용서'의 진실

호오포노포노를 하는 많은 사람이 미용고사를 하면서 공통적으로 하는 말이 있습니다.

다른 말은 할 만한데 도저히 '용서합니다.' 또는 '용서하세요.'라는 말은 불편하고 어색해서 자연스럽게 나오지 않는다는 것입니다.

'용서해주세요.'라고 말하면 내가 비참해지고 비굴해지는 것 같아서 거부감이 일어난다고 하는 사람들도 있습니다.

사실 저도 마찬가지였습니다. '미안합니다. 사랑합니다. 감사합니다.'라는 말은 그럭저럭 할 만했는데 유독 '용서'라는 말에서는 말문이 턱 막힐 때가 많았습니다.

'용서… 용서합니다. 용서해주세요.'

그럼에도 불구하고 저는 여러분께 이 말을 반드시 하셔야 한다고 강조합니다. '용서'라는 말에는 엄청난 의미가 들어가 있기 때문입니다.

'미안합니다.'라는 말은 상처를 치유하는 에너지가 나옵니다. 마음에 상처를 입었을 때 누군가가 '미안해…'라고 진심 어린 사과를 하면 상처받았던 마음이 치유되는 경험을 다들 해보셨을 것입니다.

용서라는 말에는 깊은 상처, 겉은 치유가 된 듯 보여도 상처가 깊어 흔적이 남아있는 기억에 작용해서 그 모든 흉터까지도 말끔하게 없애주는 에너지가 나옵니다.

물론 이것은 저의 잠재의식인 케오라의 설명입니다. 늘 그렇듯 객관적인 기준이 있는 주장은 아니니 이점 늘 유념하시고 제 글을 읽어주시기 바랍니다.

우리는 긴 인생을 살아오면서, 어쩌면 수천 년 동안 수백 번의 인생을 반복해 살아가면서 너무나 많은 인간관계를 맺어왔습니다. 그 속에서 얼마나 많은 갈등과 실망, 분노, 죄책감 등의 감정이 생성됐을지는 다들 짐작하실 것입니다.

사실 오늘 하루에도 몇 번을, 우리는 무심코 누군가를 비방하고 원망했을지도 모릅니다.

저는 최면 트레이너이기도 해서 최면의 관점으로 '용서'라는 말의 의미를 풀어볼까 합니다.

대부분 현재 발생하는 어떤 문제를 가지고 최면 세션을 진행하게 됩니다. 이 세상에 아무 의미 없이, 원인 없이 일어나는 일은 없습니다. 모든 현상, 모든 일에는 반드시 명확한 인과의 줄이 연결돼있습니다. 모든 일에는 그럴 수밖에 없었던 원인이 반드시 존재하고 있습니다.

아무것도 뿌리지 않은 땅에서 열매가 자라날 수 없듯이, 우리 기억의 씨앗이 지금의 모든 것을 만들어냈습니다. 그리고 인생의 이 철저한 인과법의 진리를 저는 최면 세션을 통해서 직접적으로 확인할 때가 많았습니다.

그러면서 느낀 점이 하나 있습니다.

'우리가 용서하지 못하고 또는 용서받지 못하고 무심하게 지나쳤던 수많은 인연과의 만남이 지금 이 순간에 너무 많은 영향을 주고 있구나.' 하는 것입니다.

'10년 전, 20년 전 그 사람의 인연은 물질적인 부분에서는 끊어졌을지 모르지만, 에너지의 흐름 속에서는 결코 끊어진 것이 아니구나. 여전히

그 사람과의 인연의 성질이 그대로 지금 이 순간에 내 모습, 내 인생에 스며들어있구나.'

학창시절 나에게 인신공격을 했던 선생님의 모진 언행이 20년이 지난 지금에도 회사 상사와의 관계에 서려 있고,
어릴 적, '못나서 너랑 놀기 싫다'는 말을 들었던 친구와의 인연이 30년이 지난 지금에도 거울을 볼 때마다 나 자신을 싫어하게 만드는 원인이 될 수도 있습니다.
순수하기만 하던 어린 시절, 어떤 아저씨에게 성추행인지도 모른 채 당했던 불쾌한 경험이 분노의 모습으로 변형돼 어른이 된 지금까지도 이어지면서 남자에 대한 모순적인 갈등을 만들어낼 수도 있습니다.
우리의 의식은 늘 그렇듯, 다만 이 모든 것의 인과를 보지 못하고 살 뿐입니다.
원인은 보지 못하고 그저 결과만을 보고 살 뿐입니다.

제가 말하고 싶은 '용서'라는 개념은 타인을 향한 자비가 아닙니다.
종교에서 말하는 '용서'가 무한한 자비를 뜻하는 것이라면 저는 그런 관점이 아닌 조금 더 이기적인 관점에서 말하고 싶습니다.
다들 아시다시피 저는 도인이 되고 싶어서 정화를 하는 사람이 결코 아니므로 조금 더 자유롭게 '용서'라는 개념을 말하고 싶습니다.

'용서'는 타인을 위한 것이 아닙니다. 나 자신을 위해 반드시 해야 하는 것입니다.
내 인생의 행복을 위해 반드시 필요한 청소의 과정입니다. 내 인생에 기분 나쁘게 퍼져있는 그 사람과의 얽힌 에너지를 말끔히 청소해서 깨끗한 본연의 내 모습을 찾기 위함입니다.

보통 '용서'라는 사연이 얽혀있다면 결코 유쾌한 인연일 수는 없습니다. 대부분 죄책감과 분노에 얽힌 인연이죠.

그렇다면 더더욱 '용서'로써 청소를 해야 합니다. 예쁜 사람도 아닌데, 향기로운 향기를 내는 인연도 아닌데 군이 왜 소중한 내 마음에 꼭꼭 담아놓고 잊을 만하면 꺼내보고 잊을 만하면 잘 있나 없나, 안부라도 묻듯이 현실 여기저기서 확인을 하고 삽니까.

그리고 우리가 하는 '용서'라는 그 대상은 실제로 객관적이고 절대적인 그 사람이 아닙니다. 누군가를 절대적으로 평가하고 용서할 수 있는 것은 어쩌면 신만이 가능한 일일지도 모릅니다. 신이 없다면 적어도 그건 그 사람의 몫일 것입니다.

우리가 '용서'라고 하는 그 대상은 절대적이고 객관적인 그 사람이 아니라 내 안의 사연, 감정, 생각 속에서 내가 만들어서 묶어놓고 있었던 그 사람입니다.

내가 만들어서 내 마음에 가둬놓고 살아왔던 나만의 그 사람이라는 것입니다.

그래서 생각보다 '용서'라는 작업은 결코 어렵지 않습니다. 용서 작업을 위해 현실 속에서 누군가를 직접 찾아갈 필요가 없기 때문입니다.

내 마음의 방을 들여다보고 내가 만들어서 꼭 안고 살아왔던 나만의 그 사람을 용서하면 되기 때문입니다. 모든 사연도 내가 의미를 붙여서 생겨난 것이고 모든 악연도 내 감정과 생각이 그것을 덧칠했기 때문에 일어난 것입니다.

고등학교 여학생이 한 명 있었습니다. 이 친구는 만성적인 대장증후군을 가지고 있었습니다.

거의 매일 원인도 모르는 복통에 시달려야만 했죠. 그런데 이 친구의 대장증후군의 원인은 어렸을 적, 자기 앞에서 툭하면 싸웠던 엄마, 아빠에 대한 원망이었습니다. 그 모습을 불안하게 바라보고 무기력하게 삭히면서 그 스트레스가 고스란히 대장으로 이어졌던 것입니다.

이 친구는 최면 세션 중 엄마, 아빠에 대한 원망을 스스로 용서하고 이해함으로써 10년을 넘게 달고 살아왔던 지긋지긋한 복통에서 벗어날 수 있었습니다.

어떤 여자 분은 평생 통제할 수 없었던 도벽 때문에 고통스러워했는데, 알고 보니 그 원인이 권위적인 엄마에 대한 분노였습니다.

이런 경우 또한 마음속에 가둬놓고 살아왔던 미운 엄마를 만나 용서함으로써 해결될 수 있습니다.

'용서'라는 에너지는 갇혀있던 마음의 방문을 열게 합니다. 그리고 오랜 세월 깊은 상처 속에 꼭꼭 붙잡고 살아왔던 수많은 인연을 자유롭게 내보내도록 합니다.

대부분 최면과 같은 작업을 하지 않은 상태에서는 자신 안에 어떤 용서할 또는 용서받을 대상이 있는지를 모르고 삽니다. 그러니 아마 이 글을 읽고 계시는 많은 분이 나도 최면을 받아봐야 하나… 생각하실 것입니다.

하지만 반드시 최면 세션을 통해서만 용서 작업이 이뤄지는 것은 아닙니다.

일상생활 속에서 꾸준히 미용고사의 '용서합니다.'를 반복하다 보면 용서의 에너지가 저절로 내 마음속에 스며들기 시작하고, 어느 방문을 열어 갇혀있던 누군가를 해방하게 됩니다.

때로는 그 과정을 우리의 현재의식이 알아차릴 수도 있고 어떤 경우는 모르고 지나가기도 합니다.

몇 년 동안 열심히 미용고사를 하면서 보내던 어느 날이었습니다. 불현 듯 까마득히 잊고 살아왔던 장면이 하나 떠올랐습니다. 그것은 너무나 갑작스럽고 너무나 생생하게 제 머릿속을 가득 채웠습니다.

제가 중학교 1학년 때의 일입니다. 그 당시 저희 동네에는 소위 말하는 판자촌이라는 곳이 있었습니다. 저희 학교에는 그곳에서 오는 학생들이 꽤 있었는데 저희 반에도 한 명이 있었습니다.

판자촌에 사는 친구들은 겉모습만 봐도 바로 티가 났습니다. 다들 빳빳한 새 교복을 입고 단정하게 학교에 오는데 그 친구들은 누가 봐도 물려받은 티가 나는 낡고도 낡은 교복을 입고 있었고, 점심시간에 꺼내놓은 낡은 도시락에는 늘 밥과 김치뿐이었습니다. 남들 다 받아먹는 급식우유도 그 친구들은 돈이 없어서 받아먹지 못했습니다. 아무튼 그 친구가 제 짝이 됐습니다.

저는 부유하지는 않았지만 부모님께 용돈을 받고 있었고, 그 친구에게 거의 매일 돈을 주면서 매점 심부름을 시켰습니다.

"빵 두 개를 사서 하나는 날 주고 하나는 너 먹어. 딸기우유 2개 사 와서 하나는 너 먹어." 늘 그런 식이었습니다. 가끔은 잔돈을 심부름 값이라면서 그냥 주기도 했습니다.

그러면서 중학교 1학년의 철없던 저는 가난한 친구를 도와주고 있다는 생각에 마음으로 흐뭇했습니다.

'그래… 잘하고 있는 거야. 그냥 간식을 사주면 걔가 자존심 상할 수 있으니까 이런 식으로 간식을 먹을 수 있게 해주면 돼. 역시 나는 생각이 깊어.'

그런데 30년이 지난 어느 날 다시 그 장면이 떠올랐을 때, 그 당시에는 미처 제가 보지 못했던 장면 하나가 눈에 들어왔습니다.

바로 매점으로 심부름 가는 그 친구의 뒷모습이었습니다. 그 당시 저는 철없는 저의 감정 속에만 있었기 때문에 슬픈 그 친구의 뒷모습을 보지 못했습니다.

그 친구의 뒷모습은 너무나 비참해 보였고 너무나 서글퍼 보였고 또 너무나 슬퍼 보였습니다.

제 돈을 가지고 매점으로 가면서 늘 무슨 생각을 했던 걸까요. 무슨 생각을 하고 있었길래 저리 축 처지고 슬픈 어깨를 하고 걸어가고 있었던 걸까요.

이렇게 30년이 지나 새롭게 떠오른 그 장면을 보면서 저는 너무나 놀라고 당황스러웠습니다.

제가 사실이라고 믿어왔던 그 당시의 진실이 완전히 뒤집어지고 거짓이 되는 순간이었거든요.

저는 그 친구가 제 돈으로 빵을 사 먹으면서 행복하고 고맙다고만 생각할 줄 알았습니다. 그것이 그 당시의 저에게는 진실이었습니다.

그런데 알고 보니 제가 베푼 호의가 진실이 아니라 그 친구가 느꼈던 비참함이 그 당시의 진실이 돼 내 마음 아주 깊숙한 방에 자리 잡고 있었던 것입니다.

그 당시 어린 저의 현재의식은 그것을 보지 못했지만 제 내면은 그 친구의 슬픔을 고스란히 보고 내면에 흡수시켰던 것입니다.

저는 눈물을 흘리면서 스스로 용서 작업을 했습니다.

우선 그 친구에게 진심으로 용서를 구했습니다.

"친구야 미안하다. 내가 도대체 너한테 무슨 짓을 한 거니?

내 생각이 너무 짧았어. 얼마나 슬프고 비참했니? 얼마나 상처가 됐겠니? 정말 미안하다. 정말 미안해… 부디 용서해줘."

다행히 제 내면에 머물러있던 그 친구는 저를 보며 금방 미소 지어줬습니다.

"아니야. 네 잘못이 아니야. 그냥 내 삶이 서글퍼서 그런 거야. 네 탓이 아니야."

그 착한 친구는 오히려 저를 위로해주는 듯했지만, 여전히 저는 미안함의 눈물이 멈추지 않았습니다.

그렇게 저를 용서해주는 그 친구를 30년 만에 처음으로 제 마음의 방에서 내보낼 수 있었습니다. 우울하고 칙칙했던 마음의 방문 하나를 열어서 환한 꽃길 속으로 그 친구를 보냈습니다. 요즘 흔히 말하는 "꽃길만 걷길 바라…" 하면서요.

그리고 다음은 철없었던 중학교 1학년 시절의 저 자신을 용서했습니다. '중학교 1학년의 나'에게 '어른인 나'가 이야기했습니다.

"놀랐지? 그리고 네가 왜 좁고 우울한 이 방에서 30년을 갇혀 있어야 했는지 그 이유조차도 몰랐지? 괜찮아. 네 탓이 아니야. 내가 돌봐주지 못해서 그래.

그리고 미안해하지 마. 넌 어리잖아. 누구보다 나는 네 마음을 잘 알아. 친구한테 맛있는 빵이랑 우유를 먹게 해주고 싶었던 네 마음을 나는 잘 알아.

네 입장에서는 그게 최선이었어. 참 대견해. 그런데 이제는 이방에 갇혀 있을 필요가 없단다. 왜냐면 이제는 그 친구를 도와줄 필요도 없고 그 친구에게 미안해할 필요도 없거든.

그 친구는 이제 꽃길 속으로 행복하게 나갔고 우리의 마음을 알고 용서했거든.

그동안 원인도 모르고 힘들었지."

그 친구와의 용서 작업을 한 후, 케오라에게 부탁했습니다.
"모든 에너지는 서로 연결돼있잖아. 그러니까 그 친구에게 전달해줘. 혹시 그 친구의 마음속에도 내가 있다면 자신의 인생을 위해서 나를 용서하고 보내주라고. 내가 한 것처럼 말이야. 그리고 진심으로 가볍고 행복하게 살기를 바란다고 전해줘."

그리고 며칠이 지난 어느 날이었습니다.
낯선 동네에서 약속이 있던 날이었는데 시간이 남아 근처 맥도날드에 가서 잠시 앉아있었습니다. 그때 누군가가 맥도날드 입구에 들어서는데 저는 순간 너무 놀라서 제 눈을 의심했습니다. 바로 며칠 전 용서 작업을 했던 그 친구가 걸어 들어오는 것입니다.
30년 만에 처음으로 그 친구를 우연히 보게 된 것입니다. 그 친구는 저를 보지 못하고 구석진 곳에 자리를 잡고 앉았습니다.
순간 전 너무나 당황스러워 어떻게 해야 할지를 몰랐습니다. 이 상황이 너무나 신기하기도 하고 심장이 쿵쾅쿵쾅 뛰기까지 했습니다.
우선 그 친구를 찬찬히 살펴봤습니다. 너무나 다행스럽게 그 친구는 아주 좋아 보였습니다. 더 이상 구질구질한 낡은 교복을 입고 다니는 학생이 아니라 너무나 예쁜 옷에 멋진 가방을 들고 있는 화사한 여자였습니다. 어찌나 그 예쁜 모습이 고맙던지요.

곧이어, 그 친구에게 가서 예전의 이야기를 꺼내야 하나 마나를 고민하기 시작했습니다.
'현실에서도 용서를 구하라고 이런 자리가 주어진 것인가?' 고민하고 있던 찰나 갑자기 그 친구가 바쁜 듯이 일어서더니 쌩하고 다시 나갔습니다. 굳이 왜 들어왔나 싶을 정도로 아무것도 하지 않고 짧은 시간 그저 앉아만 있다가 나가는 것이었습니다.

그때 저는 그 친구의 뒷모습을 확실하게 봤습니다. 저와 눈을 마주치지는 않아도 저와 이야기를 나누지는 않아도 그 친구의 뒷모습은 저에게 많은 이야기를 해주고 있었습니다.

'네 안의 나를 풀어줘서 고마워. 나도 너를 용서했어. 사랑한다. 친구야.'

슬픔을 담고 있었던 30년 전의 그 친구의 뒷모습이 이제는 고마움과 사랑의 뒷모습이 돼 있었습니다.

그리고 곧 케오라가 이런 말을 해줬습니다.

"모든 에너지는 연결돼있어.

나의 작업이 곧 누군가의 작업이 될 수도 있지.

네가 했던 그 용서가 먼 곳에 있던 그 친구에게 고스란히 전달돼서 결국은 함께한 작업이 됐음을 현실로 보여주고 싶었어."

이 기억이 지금의 현실에 구체적으로 어떤 현상을 만들어내고 있었는지 굳이 알아낼 필요는 없습니다. 다만 정화 중에 저절로 나왔던 이 용서 작업이 앞으로의 제 인생에 반드시 필요했던 작업이었던 것만은 분명합니다.

그렇게 오랜 세월 묵혀뒀던 마음의 방문이 하나 열리면서 무거운 인연이 해방되고, 이 작업으로 인해 그 친구와 저는 가볍고 신나게 각자의 길을 걷게 되리라는 것은 확실합니다.

여러분 안에는 얼마나 많은 사람과 사연들이 담겨있을까요.

그만 용서하세요. 그 사람들을 위해서가 아니라 소중한 여러분 인생을 위해서 그만 보내주세요.

나는 왜 **호오포노포노**가 안 되는 걸까?

얼마나 무거웠을까요. 그 몸으로 수많은 사람을 업고 다니느라 얼마나 인생이 지쳤을까요. 다 내려놓고 가벼운 발걸음으로 이 인생 나아가야죠. 그리고 그 방법은 참 쉽습니다. 그냥 미용고사와 함께하세요.

'용서'는 나를 비참하게 만드는 단어가 아니라는 것을 이제는 인정하세요.
'용서'는 나를 가볍게 만들어주는, 나의 오랜 짐을 덜어주는 너무나 멋진 마술 같은 말입니다.

너도나도 '빙의'

"선생님 저 아무래도 빙의인 것 같아요."
"선생님 저 빙의래요. 귀신에 씌었다네요."
"선생님 강의에 참석하고 싶은데 제 안에서 누군가가 가지 말라고 방해를 합니다."

정화와 소통 강의를 하면서 심심찮게 듣는 말들입니다.
심지어는 어렵게 강의에 참석하셔도 강의실 안에 있지 못하고 긴 시간 내내 강의실 문밖에서 서성이다가 가시는 분도 계셨습니다.

여러 사연을 접하는 저지만, 이런 분들을 뵈면 참 안타깝습니다.
자신의 인생이 이미 자신의 통제에서 벗어나 외부의 크고 무서운 존재에 의해 조종당한다고 믿는 것은 정말 위험한 신념입니다.
자신은 너무나 하찮고 약해서 도저히 그 외부의 강한 힘을 이길 수 없다고 이미 결론을 내린 상태에서는 벗어날 수 없는 악순환이 반복될 수밖에 없습니다.
자신은 점점 더 약해지고 스스로 믿고 있는 외부의 그 힘은 갈수록 강해지는 것입니다.

무엇보다 더 답답했던 것은 권위 있는 누군가로부터 빙의 진단을 받고 그 상태가 더욱 악화되는 경우입니다.

어렴풋이 의심했던 부분에 대해서 소위 전문가라고 말하는 사람으로부터 빙의라는 진단을 받게 되자, 완전히 빙의라는 단단한 믿음 속으로 들어가서 문을 잠가버리는 것입니다.

또는 전혀 자신은 빙의라고 생각해본 적이 없었던 사람도 권위 있는 누군가로부터 '당신 주변에는 잡귀가 득실대고 있다.'는 소리를 듣거나 '당신 안에는 빙의체가 존재하고 있다.' 등의 말을 듣는 순간 빙의라는 감옥 속에 스스로 갇히게 됩니다.

그리고 참 희한한 것은 빙의라는 증거가 될 만한 기준이 꽤 추상적임에도 불구하고 이성적인 판단 없이 자신을 거기에 끼워 맞추고 쉽게 믿어버린다는 것입니다.

그리고 전문가를 찾아가 퇴마의식을 하고 난 후에도 자신은 이미 한번 빙의를 체험한 몸이니 언제 또 이런 일이 일어날지 모른다는 불안감에 시달리며 삽니다.

실제로 그 후, 외부에서 조금이라도 자신이 감당하기 힘들 만한 사건이나 경험이 발생했을 때 쉽게 빙의현상을 다시 체험하기도 합니다.

어쩌면 이 모든 것이 나 때문이 아니라 '외부의 무엇 때문이야'라고 말하고 싶어 하는 의존성에서 시작된 것일지도 모릅니다.

내 책임이라고 했다가는 스스로 감당해야 할 것들이 너무나 많을 것 같고, 차라리 내 의지랑 상관없이 조종당해서 이런 일들이 벌어진다고 믿는 쪽이 편하다고 판단해버린 것인지도 모릅니다.

적어도, 내 탓도 내 의지도 아니니 스스로 노력해야 할 것이 없다고 말입니다.

결국 이렇게 본다면 빙의는 내가 내 인생을 포기할 때 일어나는 현상입니다. 물론 현재의식 차원에서 포기하는 것이 아니라 심층의식의 깊은 내면에서 더 이상 인생을 지탱하기를 포기하는 것입니다.

빙의라는 현상이 정말 존재한다고 하더라도 그건 외부의 탓이 아닙니다. 빙의가 됐다면 왜 빙의가 일어났는지 나를 돌아보고 내 안에서 그 원인을 찾아야 합니다.

내가 몸을 돌보지 않았기 때문에 몸의 에너지가 쇠약해져서일 수도 있고, 혹은 나의 깊은 두려움이 외부의 두려운 존재를 끌어당겼을 수도 있고, 아니면 나의 오랜 부정적 생각의 패턴이 부정적인 외부의 존재와 연결되게 만들었을지도 모릅니다.

'이 모든 것이 외부의 책임이야'라고 말하는 순간 우리는 가장 나약한 존재, 어쩔 수 없는 피해자가 될 수밖에 없습니다.

외부의 에너지에 영향을 받고 있다 하더라도 내 안의 어떤 부분이 이런 현상을 끌어당겼는지에 대해서 살펴보고자 한다면, 다시 말해 '이것 또한 내가 만든 내 책임'이라는 관점에서 그 현상을 보게 된다면 그 순간 이미 반은 빙의를 극복한 것입니다.

'빙의체'는 그 사람의 특정 감정을 통해 들어오고 그 사람 안에 존재하고 있는 특정 감정들을 자극해서 자신의 영향력을 행사합니다.

고요하게 그것을 바라볼 수 있다면 그 순간 빙의체는 스스로 힘을 잃게 된다는 것입니다.

내가 빙의 돼서 모든 게 뒤집어졌는데 어떻게 나 자신을 고요하게 볼 수 있냐고요?

이미 감정이 요동쳐서 아무것도 눈에 보이는 게 없는데 어떻게 고요하게 그 현상을 볼 수 있냐고요?

어렵고 또 어려운 일이라는 것은 잘 압니다.

그래서 저는 정화와 소통 레벨 과정을 통해서 일상 속에서 자신을 관찰하는 부분을 계속해서 강조하고 있습니다. 이미 모든 것이 뒤집어지고 엎어진 상태에서 갑자기 안 하던 것을 하려고 하면 당연히 힘들 수밖에 없습니다.

하지만 평상시 늘 자신을 관찰하고 내 안의 심층의식(기억들)에서 일어나는 수많은 감정과 생각들의 혼란을 보는 연습을 미용고사와 함께 꾸준히 해나간다면 외부의 자극에 흔들릴 때도 중심을 다시 잡기 훨씬 수월합니다.

아니 평상시 자신을 고요하게 볼 줄 알고 자신에 대한 신뢰의 중심이 잡혀있게 되면 처음부터 그런 현상은 일어나지 않을 것입니다.

빙의라는 현상은 자신이 허용할 때에만 일어날 수 있으니까요.

아무리 강한 존재라고 해도 내가 문을 열어주지 않으면 절대 강제적으로 나를 뚫고 들어올 수는 없습니다.

그런데 문제는 내 현재의식의 인식 없이 나의 심층기억이 그 문을 열어준다는 것입니다.

그러니 내 안의 마음을 내가 보지 못하는 사람은, 쌓여왔던 부정적인 기억이 어느 날 비슷한 주파수를 가진 부정적인 외부의 존재를 끌어당겼을 때, 그저 이 모든 게 강한 외부의 존재에 의해서 내 의지랑 상관없이 일어난 불가항력 같은 일이라고 인식하며 모든 것을 포기하게 됩니다.

하지만 내 안의 마음을 살펴보고 돌보며 사는 사람은 부정적인 기억이 외부를 향하기 전에 스스로 그것을 정화할 수 있게 되고, 설사 외부의 부정적인 존재가 내 가까이서 영향을 주게 되더라도 그것 또한 알아차리고 더 이상 악화되지 않는 선에서 스스로 정화하고 치유할 수 있게 됩니다.

치유라고 하는 것은 앞서 말씀드린 것처럼, 나를 볼 수 있는 고요한 힘이 일어날 때 자연스럽게 치유도 이뤄집니다.

케오라는 이 세상의 모든 것이 '에너지체'라고 합니다.
그리고 텅 비어 보이는 이 세상에 실은 엄청난 에너지 덩어리들이 엮여 있다고 합니다.
누군가가 경험했던 특정 사건의 에너지, 누군가가 내뿜었던 강렬한 감정의 에너지 등등.
하지만 우리는 이런 에너지들을 보지 못하고 살아갑니다. 만약 이런 에너지들이 눈에 보인다면 당연히 좋은 에너지가 서린 곳으로만 다니고 부정적인 에너지가 있는 곳은 피하게 될 겁니다.
하지만 이런 상황을 보지 못하고 사는 우리에게 외부의 '에너지체'들은 꽤 위협적인 존재가 되기도 합니다.

사실 세균이나 바이러스 등도 마찬가지입니다.
우리 눈에는 보이지 않지만 수없이 많은 세균이나 바이러스들이 우리가 생활하는 공간 속에 있습니다. 그런데 그런 것에 노출됐을 때 일어나는 일은 사람마다 다릅니다.
똑같이 특정 바이러스에 노출됐다 해도 어떤 사람은 집에 와서 푹 자고 일어나면 아무렇지 않게 회복이 됩니다.
하지만 어떤 사람은 바로 그 바이러스 감염증세가 드러나서 꽤 고생하기도 합니다.
이것은 그 사람들의 면역력에 따라 달라지는 것입니다.

어찌 보면 빙의라는 것도 마찬가지입니다.
우리 모두 에너지를 보지 못하고 살아가기는 마찬가지인데 내면의 면

나는 왜 **호오포노포노**가 안 되는 걸까?

역이 좋고 건강한 사람은 어디를 가서 어떤 에너지체를 만난다 하더라도 쉽게 스스로 정화하고 회복하는 반면, 내면의 자존감이 바닥으로 떨어져 있거나 부정적인 기억으로 인해 심신이 지쳐있거나 오랜 심리적 결핍으로 의존성이 극에 달해있는 경우의 사람들은 부정적인 에너지를 쉽게 흡수해 꽤 심각한 고통을 당하기도 합니다.

하지만 외부의 그 무엇은 정작 잘못이 없습니다.
그냥 에너지체로서 떠돌고 있었을 뿐이고 누군가 끌어당겼으니 끌려갔을 뿐이고 그 누군가 스스로 흡수하니 들어갔을 뿐이라고 말할지도 모릅니다.
결국은 나의 상태가 중요한 것입니다.
그래서 다시 강조 드리고 싶은 것은 늘 그렇듯 정화와 소통입니다.
저라는 사람을 강조하고 싶은 것이 아니라, 말 그대로 정화와 소통.
내 안의 부정적인 기억들을 꾸준히 살펴보면서 스스로 정화해나가는 힘.
나를 고요하게 관찰하고 바라보면서 스스로 돌봐주고 치유해나갈 수 있는 소통의 힘.
그것을 말씀드리고 싶습니다.

케오라는 실제로 빙의라는 현상이 존재하기는 하지만 우리가 생각하는 것보다 훨씬 드물다고 합니다. 100명의 빙의를 확신하는 사람이 있다면 사실 그중에 실제 외부의 에너지를 흡수해 고통을 겪고 있는 빙의는 1명이 채 되지 않는다고 합니다.
그렇다면 나머지 사람들은 어떤 경우일까요. 자신이 느끼기에는 빙의현상이 분명한 것 같고 어떤 이들이 빙의라고 진단을 해주었는데 말입니다.

빙의현상은 실제 외부의 에너지체가 일으키는 경우도 있지만, 사실 내부에 있는 내 자원에서 만들어진 것이 압도적으로 많습니다.

우리나라는 특히 영혼, 귀신, 빙의, 조상령 등등의 뿌리 깊은 전통이 이어져 왔고 그러한 시대적 정보는 여러 형태로 사람들의 무의식 깊은 곳에 암시된 채 흡수돼왔습니다.

그런 정보들이 내 안에 있는 부정적인 기억에 묻어나서 활성화되기 시작할 때 마치 빙의현상 같은 경험을 하게 되기도 합니다.

지독한 외로움의 심층 파트도, 뿌리 깊은 두려움과 불안감의 심층 파트 또는 오랜 죄책감의 기억이 내뿜는 강한 에너지 등도 빙의현상과 비슷하게 외부로 표현될 수 있다는 것입니다.

멀쩡했던 사람이 어느 날 귀신에 씐 듯 돌변해서 난폭해지는 것 또한 그동안 오랜 시간을 억압해오던 기억의 덩어리 하나가 더 이상 견디지 못하고 터져 나오면서 일어날 수 있습니다.

두려움이라는 질긴 패턴이 외부의 부정적인 암시나 자극에 노출됐을 때도 갑작스러운 신체적 변화나 감당할 수 없을 것 같은 압도적인 감정의 혼란을 만들어 낼 수도 있습니다.

수년 전에 저는 고질적인 위장병을 10여 년 동안 달고 산적이 있었습니다. 물만 마셔도 소화가 안 되고 속이 아팠는데 막상 위장 검사를 해보면 늘 정상이라고 나왔습니다.

그렇게 원인도 모른 채로 수년간 고통에 시달리면서 저는 하루가 다르게 말라갔습니다. 그러던 어느 날, 영적능력이 있다는 분을 지인을 통해 뵙게 됐습니다.

그분에게 평상시 위가 안 좋다고 말씀드렸더니 저를 유심히 살펴본 후, 제 위장에 나쁜 혼이 실려 있어서 그렇다고 했습니다. 나쁜 귀신이 몸에 들어와 있는데 유독 위장을 쥐고 흔들어서 음식을 못 먹게 하고 있다고요.

그 말의 진위 여부는 알 길이 없었고 그렇게 또 몇 년이 흐른 후, 저는 전혀 다른 방법으로 그 문제를 해결했습니다. 바로 최면 작업입니다. 이완된 상태에서 조용히 스스로 물었습니다. '왜 위가 이렇게 아픈 걸까…'

그랬더니 순간, 오래전 금융회사 전산실에서 일하던 시절의 기억이 떠올랐습니다. 그 기억 속의 저는 사수가 낸 숙제를 다 해내지 못해 전전긍긍하며 혼자 야근을 하고 있었습니다. 도와줄 사람은 없고 사수는 불같이 화를 내며 무시할 것이 뻔하고, 이러지도 저러지도 못한 채 텅 빈 사무실의 컴퓨터 앞에서 어깨를 조아리고 울고 있는 저의 모습이 떠올랐습니다.

그 무력함과 좌절감을 다시 한번 느끼는데 하염없이 눈물이 났습니다. 그렇게 그 기억을 정화하고 나니 거짓말처럼 위장이 말끔하게 나았습니다.

결국 제 위에 붙어있다는 그 귀신은 영의 존재가 아니라 좌절감과 긴장감 속에 울었던 저의 기억이었던 것입니다. 그 상처받았던 기억을 떼어내자 거짓말처럼 위가 나았던 것입니다.

사실 우리의 내면이 만들어 내지 못하는 현상은 없습니다. 그만큼 우리 안에는 강력한 창조의 기술이 숨겨져 있는데 다만 그것을 영감적으로 사용하느냐 심층의 기억이 사용하느냐의 차이가 있을 뿐입니다.

어떤 심층기억 하나가 작정하고 활성화되기 시작하면 안 보이던 귀신도 옆에 있는 것처럼 보이게 만들고 환청도 만들어내고 악몽도 만들어내며 신체적인 이상 변화까지도 스스로 만들어 낼 수 있습니다.

요즘 뉴스에서 심심찮게 볼 수 있는, 정말 인간으로서는 도저히 할 수 없는 짓을 저지르는 사람들 또한 어느 곳에서는 귀신에 씌어서 저런 것이라고 말하고, 어느 곳에서는 성격장애나 정신질환을 원인으로 말하겠지만 제 관점에서는 오랜 시간 관리하지 못하고 방치됐던 심층기억이 더 이상 억압을 견디지 못하고 터져 나와서 통제될 수 없는 지경에 이른 사람으로 보입니다.

실제로 빙의현상을 경험하는 사람들도 있지만 이렇게 대부분은 자신 내면의 자원이 그런 현상을 만들어내는 경우도 상당히 많습니다.

그렇기 때문에 '믿음'이 가지는 힘에 대해 다시 한번 신중히 생각해봐야 합니다.

내가 무엇을 믿고 가느냐에 따라 우리의 인생은 완전히 다른 풍경이 이어질 수 있기 때문입니다.

혹시 이런저런 빙의로 의심될 만한 상황에 놓여있는 분이라면 우선 자신이 무엇을 믿고 있는지 무엇을 사실이라고 단정 짓고 있는지부터 살펴보시기 바랍니다.

그리고 그 강력한 믿음이 지금 본인의 길을 만들어내고 있다는 것을 인식하셔야 합니다.

그것을 알아차리게 될 때 그런 현상을 만들어내고 있었던 내부의 특정 기억으로부터 서서히 풀려나게 됩니다.

설사 믿을 만한 전문가에게 빙의 진단을 받았다 하더라도 그것의 근본 원인이 내 안에 있었음을 먼저 인정하시기 바랍니다. 외부 탓이 아니라 내 안을 들여다보며 원인을 찾으려고 할 때 그 내면의 중심이 외부의 존재를 정화하게 됩니다.

또한 전문가에게 퇴마의식을 받았다고 하더라도 그것이 일시적인 효과로 끝나지 않게 하려면 일상생활 속에서 스스로 중심을 잡아나가는 것이 반드시 필요합니다.

그러려면 자신의 믿음과 신념을 먼저 살펴보고 변화시켜나가야 합니다.

'빙의'라는 단어를 처음으로 만드셨다는 '묘심화 스님'이 말씀하신 부분 중에서 인상적인 것이 있었습니다.

'신' 중에서도 너무 강해서 절대 밀어낼 수 없는 '신'은 바로 살아있는 우리의 건강한 '정신'이라고 하셨습니다.

몇 년 전, 경주 석굴암 토굴 안의 불상 앞에서 그 강한 에너지에 압도당해 있던 저에게 이런 메시지가 전해져왔습니다.

"내가 아무리 강하다고 한들 살아있는 너희보다는 강할 수 없어.
세상 만물 중에서도 생명의 에너지가 가장 강한 법이야."

내 인생의 절대자는 '나'라는 것을 먼저 인정하세요.

이 세상에 두려워해야 하는 존재는 없습니다. 유일하게 우리가 두려워해야 할 대상은 내 안의 두려움을 방치하고 있는 '나'입니다.

두려움 속에 있으면 한없이 약해지지만, 두려움 밖에서 그것을 보기 시작하면 우리는 가장 용감한 존재가 됩니다.

'정화와 소통' 강의 에피소드 Ⅱ

한눈에 봐도 일생 반듯하고 단아하게 살아오신 티가 얼굴에서 그대로 묻어나는 선생님이 계셨습니다. 그런데 이분을 정화하니 미인이시기는 한데 따뜻한 느낌이 없었습니다.

"선생님. 똑 부러지게 주변 잘 챙기면서 살아오셨을 것 같은데, 어쩌면 정작 선생님 주변 사람들은 외로웠을지도 모르겠다는 생각이 듭니다. 특히 자녀분이 있다면 말입니다.

나를 잘 챙겨주는 엄마이기는 했지만 정작 내 마음을 위로해주는 따뜻함을 느끼지 못하고 컸을 것 같아요. 그러면 그 자녀가 힘들고 외로울 때 엄마에게 진심으로 마음을 터놓고 기대기는 힘들게 됩니다."

선생님께서는 본인의 의도와는 다르게, 자신의 바른 기준으로 엄격하게 주변을 대해왔던 부분에 대해서 인정하시는 듯 고개를 끄덕이셨습니다.

그리고 몇 개월 후, 레벨2에서 다시 만난 선생님은 제가 몰라볼 정도로 인상이 변해있었습니다. 그전의 반듯하고 차가운 느낌은 온데간데없고, 누구보다 따뜻한 미소로 저에게 인사 하시는 모습을 보면서 제가 이전에 만났던 그분이 맞는지 한참을 생각해야 할 정도였습니다.

레벨2 강의에서 선생님은 이런 고민을 말씀하셨습니다.

"저는 대단한 사람은 아니지만 나름대로 일생 편하게 인생을 잘 살아온 것 같습니다. 그런데 자식은 제 마음대로 되질 않네요. 능력도 뛰어난 아이인데 내 기대만큼 평탄한 인생을 살고 있지 못한 것 같아 마음이 안 좋습니다. 그리고 그 아이가 가장 힘든 시기에 저에게 마음을 닫고 있어 더 안쓰럽습니다. 저에게 마음을 열고 다가오지 않으니 제가 어떻게 해야 할지도 모르겠어요."

그 후, 그분의 잠재의식에게 물었습니다. '어떤 메시지를 전해줘야 선생님께 도움이 될까요?' 하고 말입니다. 그러자 그분의 잠재의식으로부터 이런 메시지가 느껴졌습니다.

"너의 인생은 소녀야. 예쁘고 바르고 똑똑한 소녀. 하지만 조금 까칠하기도 해. 왜냐면 내가 아는 것이 모두 맞다고 우기고 싶은 사춘기 시절이거든.

그렇지만 너의 아이는 사춘기, 학창시절을 훌쩍 지나고 영혼의 인생에서 가장 열정적이고 치열한, 물질 세상의 30대 같은 사회생활을 하고 있어. 많은 경험을 통해 큰 성장을 해나가는 시기지.

그 아이에게 조언하고 바로잡으려고 하지 마.

네 아들의 영혼이 나보다 훨씬 성숙하고 많은 경험을 했으니까 말이야."

이 느낌을 선생님께 전달해드리니 놀라는 모습이었습니다.

결국 선생님이 아들에게 해야 하는 위로는 가르침도 잔소리도 아니었습니다.

지금 그의 삶이 얼마나 열정적으로 돌아가고 있는지를 격려하고 응원하는 것이었습니다.

그리고 내 자식이지만, 그리고 나보다 나이가 훨씬 어리지만, 나보다 더 성숙할 수 있다는 것에 대해 존중해주는 것이었습니다.

조용하고 야무진 인상의 선생님이 계셨습니다. 이분은 저에게 이런 고민을 말씀하셨습니다.

"선생님, 첫째 아이만 보면 저도 모르게 자꾸 화를 내게 돼요. 이상하게 유독 그 아이한테만 엄격해지게 됩니다. 그 아이가 딱히 잘못하거나 미운 짓을 하는 것도 아닌데 말이에요. 왜 그럴까요?"

제가 정화하면서 그분의 잠재의식에게 그 이유를 말해달라고 요청했을 때, 이런 메시지를 저에게 보내줬습니다.

"이 사람은 지금 자기 자신에게 화를 내는 거예요. 그 아이에게 화를 내는 것이 아닙니다. 그 아이를 통해서 자신의 모습을 보고 있는 거랍니다. 그 아이를 보면서 자신을 미워하고 있어요."

이 메시지를 듣고 그대로 전해드렸더니 부정할 수가 없다고 하셨습니다. 자신과 닮은 부분이 틀림없이 많다고도 하셨습니다.

그리고 그분의 잠재의식이 더 말하고자 하는 나머지 메시지를 전달해드렸습니다.

"나는 너에게 칭찬만 하고 싶어. 너의 그 많은 생각까지도 나는 흐뭇하게 바라보고 있어.

너는 정말 잘하고 있으니 그걸 스스로 알아줬으면 해."

야무지고 소신 있게 앙다문 입술과는 달리 자신감을 잃어버린 듯한 눈빛이 사실 마음에 걸렸던 선생님이었습니다.

그분의 잠재의식의 메시지처럼 먼저 본인의 수많은 장점을 제대로 보고 칭찬하게 된다면, 아마 그 아이에게도 늘 따뜻한 칭찬만 하게 될 것입니다.

앳돼 보이는 외모에 당연히 아가씨려니 하고 있었는데, 알고 보니 결혼도 하고 어린 딸도 있다고 해서 놀랐던 선생님이 계셨는데 이런 질문을 하셨습니다.

"선생님, 제 딸이 어린데도 세상에 대한 두려움이 많아요. 특히 죽음에 대해서요. 아빠가 조금만 아파도 저러다가 아빠 죽으면 어떡해… 합니다. 제가 딸에게 어떻게 해야 할까요?"

"선생님을 그대로 따라 하고 있네요. 선생님과 똑같아요."

그분은 제 말에 깜짝 놀랐습니다. "어떻게… 아셨어요?"

그분의 앳된 얼굴에는 이미 말하지 않아도 불안감이 가득했습니다.

그리고 그 이유 없는 불안감, 두려움은 마치 유전처럼 딸에게 그대로 전달됐습니다.

다행스럽게 어린 딸이 그 선생님과 에너지 탯줄(저자의 책《내 아이를 위한 정화》에 나오는 개념입니다.)이 그대로 연결돼있으니, 스스로 잠재의식의 중심을 잡고 불안감을 정화해나갈 수 있다면 아이의 불안감도 자연스럽게 소멸될 것입니다.

저는 정화를 하면서 그분의 잠재의식에게 요청했습니다. 그분의 불안함에 대해 어떤 조언을 해줄 수 있냐고요. 그러자 이런 메시지가 전해져왔습니다.

"너의 두려움은 결코 현실이 되지 않아. 두려움은 그저 두려움일 뿐, 네 세상도 아니고, 네 현실도 아니야."

누구에게나 내면의 두려움과 불안함은 있습니다. 하지만 인디언의 속담처럼 그것에 먹이를 주면서 덩치를 키울지 말지는 우리 현재의식의 몫입니다.

강의 내내, 특별한 질문 없이 조용히 집중해서 듣고만 계시던 선생님한 분이 강의가 끝나자 저에게 오셔서 이렇게 물으셨습니다.

"선생님, 저에게 초등학교 다니는 아들이 있습니다. 아들이 잠재의식의 개념에 대해서 알았으면 하는데 제가 어떻게 설명을 잘하면 될까요?"

그러자 그 아들의 잠재의식의 느낌이 갑자기 강하게 전해져왔습니다.

"다른 거 다 필요 없어요. 엄마가 짜증만 내지 않았으면 좋겠어요. 나는 엄마가 늘 편안했으면 좋겠어요."

그 느낌을 그대로 전했더니 선생님은 이내 눈물을 보이시며 고개를 끄덕이셨습니다.

잘 압니다. 엄마의 자리가 얼마나 고된지 말입니다.

마음은 전혀 그렇지 않은데 나도 모르게 일상의 지친 스트레스를 아이에게 풀어버리곤, 이내 돌아서서 후회로 더 마음 아파하며 또 한 번 마음이 지치죠. 저도 엄마의 자리에 있는 사람이라서 잘 압니다.

그래서 엄마가 더 행복하고 즐거워야 합니다. 그래야 아이들은 진정으로 편할 수 있으니까 말입니다. 세상의 모든 엄마가 아이들보다 먼저 더 행복하고 즐거웠으면 좋겠습니다.

정화 여행 – 남해 '보리암'

저는 여행을 참 좋아하는 사람입니다. 저에게 여행은 아주 큰 의미를 담고 있습니다.

반복적인 생각에서 벗어나 일상을 새로운 시각으로 볼 수 있는 기회이고, 일상 속에서 놓치고 살아왔던 많은 소중한 것들을 새로운 자리에 서서 다시 한번 되새길 기회이기도 합니다.

그 속에 있을 때는 볼 수 없었던 것들이 그로부터 벗어난 자리에서는 비로소 보이는 경우가 많습니다. 그리고 똑같은 일상 속에서는 통찰하기 힘들었던 것들도 다른 자리에서 다른 관점으로 보면 저절로 이해가 되는 경우들도 종종 있었습니다.

우리의 뇌는 똑같은 일상 속에서 똑같은 패턴으로 움직입니다.

'늘 똑같은데 뭘…' 이미 이렇게 입력된 우리의 뇌는 늘 그렇듯 비슷한 패턴의 생각을 하고 비슷한 패턴의 행동을 익숙하게 반복합니다.

그러다가 낯선 거리, 낯선 풍경, 낯선 사람들, 낯선 경험… 이렇게 완전히 새로운 상황 속에 놓이면 그때야 새롭게 움직이기 시작합니다.

이런 '낯선' 긴장감이, 고여 있던 에너지를 새롭게 움직이게 해주고 똑같은 패턴으로 돌아가고 있던 뇌를 기분 좋게 자극하는 듯한 느낌을 저는 여행에서 늘 받아왔습니다.

그리고 여행은 제가 저에게 주는 최고로 멋진 선물이기도 합니다.

'그동안 열심히 살아왔구나. 참 잘했어. 멋진 풍경 보면서 즐기자.'

또 한 가지, 여행은 저에게 일종의 정화 세션이기도 합니다.

미용고사가 일상 속의 정화라면 최면 세션은 아주 극적이면서 직접적인 정화입니다.

그리고 여행은 그 중간 즘에 있는 특별한 정화 세션입니다. 제 삶에서 가끔씩 떠났던 여행은 마치 막혀있던 인생의 길을 열어주는 것 같은 정화의 효과를 보여줬습니다.

뭔가 장기간 해결되지 않는 문제가 있을 때마다 저는 가까운 곳이든 먼 곳이든 여행을 떠나봅니다. 그리고 돌아왔을 때, 뭔가 막혀있던 인생이 새로운 흐름을 타기 시작한 듯한 느낌을 종종 받아왔습니다.

마치 내가 집을 떠나있는 동안 누군가가 와서, 내가 고장 냈던 집의 일부분을 말끔히 공사해놓는 느낌… 내가 엉망으로 꼬아놓고는 풀지 못하고 있는 인생의 한 부분에서 잠시 벗어날 때, 내가 비켜준 그 자리에서 순수한 에너지들이 비로소 활개를 띄며 그것을 풀어놓고 흘러가게 해준다는 느낌이 종종 들었습니다.

돌이켜보면 늘 그랬던 것 같습니다. 여행을 다녀오면 풀리지 않았던 문제가 알아서 차츰 풀리거나 아니면 변화가 꼭 생겼습니다. 마치 구체적인 세션을 진행한 후처럼 말입니다.

어느 날 한 예능프로를 보고 있는데 너무나 아름다운 풍경이 나오는 겁니다. 그 예능프로 멤버들이 간 곳이었는데 그 장면을 보는 순간, '아, 저곳을 가봐야겠다.'라는 생각이 들었습니다.

그곳은 말로만 듣던 남해 '보리암'이라는 곳이었습니다. 이곳이 유명하다는 말은 예전부터 자주 듣긴 했지만 갈 기회가 잘 생기지는 않았습니다. 특히 그곳에 갔다 오면 소원이 이뤄진다는 말들이 많아서 늘 호기심은 있었지만 '다음에, 다음에…'라며 미루고 있던 곳이었는데, TV 화면을 보는 순간 바로 가야겠다는 결심이 섰습니다.

나는 왜 **호오포노포노**가 안 되는 걸까?

그렇게 며칠 뒤 남해 '보리암'에 드디어 가게 됐습니다.

'소문처럼 정말 이곳에 왔다 가면 소원이 이뤄질까.' 저 또한 이런저런 소원이 많았기 때문에 은근히 기대하기도 했습니다.

보리암 입구에 들어서서 열심히 올라가고 있는데 저쪽에서, 이미 보리암을 방문하고 내려오는 중년의 부부가 보였습니다. 그 부부는 이런 이야기를 나누며 내려오고 있었습니다.

"보리암에서 열심히 빌었으니 이번 경매 건은 싼값에 잘 받을 수 있겠지. 하하."

그렇게 명성처럼 저마다 보리암에서 열심히 소원을 빌고 오는 듯했습니다.

드디어 저도 보리암에 도착하고, 쌀쌀한 날씨에 평일이라 그런지 사람들이 많지 않아 감사하게도 가장 아름다운 경치를 볼 수 있는 포인트 바위 위에 자리를 잡고 앉을 수 있었습니다.

보리암에선 역시나 엄청난 에너지가 느껴졌습니다. 자연에서 나오는 에너지는 정말 말로 표현할 수 없는 경이롭고도 카리스마 넘치는 그 무엇이 있는 것 같습니다.

이곳에서도 마찬가지로 그 강렬한 에너지에 취하는 것 같았습니다.

곧 정화를 하고 인사를 했습니다.

"와… 정말 강렬한 에너지가 느껴지네요." 특히 보리암 전체에 서린 강렬한 에너지는 곳곳에 있는 바위에서 나오는 듯했습니다.

"굉장히 특이한 느낌이에요. 예전 다른 곳에서 느껴본 거 하고는 또 다르네요. 이 에너지가 바위에서 나오는 것 같은데 맞나요? 그리고 제가 받는 이 강한 느낌들은 뭘까요?"

그러자 곧 이런 느낌의 메시지가 전해져왔습니다.

"네가 느끼고 있는 것들… 바위에서 오는 거 맞아.

그리고 그 실체는 사람들이 여기에 두고 간 욕심들이야.

바위는 음기가 강해서 무엇이든 잘 흡수해. 사람들이 빌고 간 욕심들이 이곳에 가득하지."

"네? 욕심이라기보다는 소원이겠죠. 그리고 실제로 이곳에 오면 소원이 잘 이뤄진다고 하던데…"

"맞아. 욕심을 이곳에 버리고 가면 소원이 이뤄지지.

소원을 가장한 욕심의 부정적인 에너지를 이곳에 놓고 가면 순수해진 본연의 소원이 때를 만나 저절로 이뤄져.

하지만 욕심을 이곳에 내려놓지 못하고 그대로 가지고 내려가면 소원은 이뤄지지 않을 거야."

"음… 어쨌든 잘만하면 소원은 이뤄진다는 거죠. 그럼 어떻게 하면 될까요? 저도 이런저런 풀고 싶은 문제들이 좀 있거든요. 욕심을 어떻게 하면 이곳에 두고 갈 수 있을까요?"

"아주 쉬워. 그냥 아무것도 하지 마. 이 아름다운 곳에서 이 아름다운 풍경만 온전히 보고 가면 돼. 너의 의식이 아름다움 속에서 힘을 풀 때 내가 알아서 너의 욕심을 흡수할 거야. 그리고 넌 마음껏 이 풍경을 감상하고 이 아름다운 에너지만 가득 담고 가."

무슨 말인지 알 것 같았습니다.

그리고 문득 보리암 입구에서 만났던 중년의 부부가 떠올랐습니다. 그 부부는 소원을 안고 이곳에 올라와서 이 아름다운 풍경 속에서도 그것을 온전히 보지 못하고 자신들의 소원만 바라보다가 그대로 다시 등에 그 소원을 짊어지고 내려간 듯했습니다.

저는 곧 그 생각 또한 흘려버리고 다시 한번 주변 풍경을 바라봤습니다.

나는 왜 **호오포노포노**가 안 되는 걸까?

시원한 바람, 저 멀리 보이는 반짝이는 바다, 푸른 산세 뒤로 펼쳐진 신비로운 바위산…

그리고 미리 준비해갔던 보온병을 꺼내 따뜻한 커피 한 모금을 홀짝이며 좋아하는 엔야의 음악도 함께 들었습니다.

그 순간 저는 가장 완벽한 세상 속에 있는 듯했습니다.

모든 아름다움이라는 존재 속에 푹 빠진 듯했습니다. 그 순간엔 아무것도 필요한 것이 없었습니다. 중요한 것도 없었습니다. 그저 여기도 저기도 모든 것이 완벽한 아름다움만 가득했습니다.

그렇게 한참을 그 속에 푹 빠져 있다가 아쉬움을 뒤로하고 내려왔습니다. 정말 바위의 메시지처럼 더 이상 제 안에는 아무것도 남지 않은 듯했습니다. 올라올 때 짊어지고 왔던 수많은 생각들, 바람들, 기대들, '이것도 중요한데… 저 일도 잘돼야 할 텐데…'

이 모든 것이 의미를 잃어버리고 그저 얼굴에는 미소만이 가득하고 무거운 짐을 내려놓은 발걸음은 춤이라도 출 듯이 가볍기만 했습니다.

지금 생각해보면 제가 여행을 다녀와서 변화가 생기고 어떤 문제들이 저절로 해결되는 듯한 느낌을 매번 받았던 것도 보리암의 바위에서 느낀 메시지와 같은 원리 때문인 것 같습니다. 적어도 저는 여행을 갈 때마다 그 속의 풍경 속에 그대로 푹 빠져들곤 했으니 말입니다.

보리암에서 느낀 메시지 덕분에 처음 그곳에 갈 때의 목적과는 전혀 다르게, 저는 아무런 소원도 빌지 않고 그저 아름다움만 가득 담고 올 수 있었습니다.

소원과 바람, 기대의 큰 자리를 비워내서 자연의 아름답고 순수한 에너지를 대신 가득 채워올 수 있었습니다. 그것이 바로 진정한 정화의 세션이 아닐까요.

그리고 모든 여행이 저에게 그래왔듯, 지금 돌이켜 생각해보니 보리암에 다녀온 후로 저에게 유리한 많은 변화가 생겼습니다.

어쩌면 소원은 악착같이 비는 것이 아니라 비워야 하는 건지도 모릅니다. 그렇게 우리의 내면이 가벼워질 때 알아서 이 우주의, 자연의 완벽한 에너지가 나에게 가장 유리한 흐름으로 이끌어 주는 건지도 모릅니다.

여러분들도 멋진 정화여행 다녀오시길 바랍니다.

나는 왜 **호오포노포노**가 안 되는 걸까?

'잠재의식'의 힘

케오라는 실체가 있는 존재입니다.

그리고 이러한 잠재의식은 저뿐만 아니라 모든 사람의 내면 깊은 곳에 존재하고 있습니다.

다만 그것에 대한 표현과 인식하는 방식들이 각각 다를 뿐입니다.

케오라는 영성에 갇혀있는 추상적인 존재도 아니고

내 상상 속에 갇혀있는 허구의 존재도 아닙니다.

케오라는 종교에 갇혀있는 형식적인 존재도 아니고

자기계발과 심리학적인 정신세계에 갇혀있는 단편적인 존재도 아닙니다.

케오라는, 아니 우리들의 잠재의식은 우리의 인생, 현실 그 자체입니다.

우리의 잠재의식이 소통을 통해 제대로 활성화되고 있다면, 우리는 현실을 통해 그들을 느낄 수 있습니다.

다시 말해 잠재의식은 머릿속에만 맴도는 존재가 아니라, 현실에서 자신의 존재감을 드러낼 줄 안다는 것입니다.

잠재의식은 물질과 현실을 움직이는 힘이 있습니다.

그리고 그들은 즉각적으로 그것을 보여주기도 하고,

내 인생의 중요한 부분들에 대해서는 아주 신중하고 끈기 있게 현실을 만들어내기도 합니다.

케오라가 저에게 이런 말을 한 적이 있었습니다.

"네 머릿속의 느낌이나 메시지를 절대적으로 믿고 의존할 필요는 없어. 내면의 느낌이 혼란스러울 때는 현실을 봐. 현실이 진짜 답을 말해 줄 거니까.
나의 메시지와 에너지가 그대로 현실로 드러날 거니까."

내면과 소통을 하거나 영성을 추구하는 많은 분이 조심해야 할 것 중에 하나가 이 부분입니다. 내면의 느낌이나 메시지에, 보이지 않는 추상적인 영성에 너무 깊게 빠져서 의존하는 것 말입니다.
케오라는 늘 강조합니다.
우리는 어차피 물질 세상에 존재하기 때문에, 물질 세상을 등지고 살 수는 없다는 것입니다. 또한 물질보다 영성이 중요하고, 현실보다는 내적 깨달음이 중요하다는 신념은 자칫 위험할 수 있다고 말합니다.
특히 우리의 현재의식은 어찌 됐든 현실 세상의 담당자입니다. 그 담당자가 다른 것이 더 중요하다며 담당 부서를 버려놓고 뜬구름 위에 앉아 있게 되면, 그 어떤 멋진 공부도 수행도 기도도 결코 인생을 변화시킬 수 없을 것이라고 했습니다.
인생이란 것이 물질 세상 안에서 돌아가고 있으니 말입니다.
지금 내가 살아가고 있는 이 물질 세상을 있는 그대로 순수하게 직시하는 것이 중요하고, 물질 세상을 순수하게 제대로 보기 위해서 해야 하는 것이 바로 내면의 정화와 소통입니다.

그래서 제가 워크숍이나 책을 통해 강조하는 것도 일상 속에서의 정화이고 소통입니다.
머릿속의 현란한 지식이 아니라, 현실에 그대로 드러나고 있는 나의 말과 행동들을 먼저 볼 줄 알고 바로 잡을 수 있는 것이 진짜 인생을 바꾸는 힘이 됩니다.

나는 왜 **호오포노포노**가 안 되는 걸까?

산속에 들어가 100일 수행을 하는 것보다 일상에서 작은 것 하나에 감사하고 미안함을 먼저 말할 수 있는 용기가 진짜 현실을 정화하는 수행이 될 수도 있습니다.

고행을 거듭하며 고통스럽게 기도하는 것보다 나에게 일어나는 모든 것들이 나에게 유리함을 알고 허용하는 것이 내면의 기억이나 카르마를 풀 수 있는 최고의 해결책일지도 모릅니다.

케오라가 이런 말을 한 적이 있었습니다.

"네 상상 속에 있는 신을 존중하기에 앞서, 네 옆에 있는 사람을 먼저 존중해.

눈에 보이지 않는 신에게 사랑한다고 말하기에 앞서,

네 옆에 있는 사람에게 먼저 사랑과 감사를 말해.

그게 신과 가장 가까워지는 방법이야."

그리고 잠재의식은 종종 현실에서 자신의 메시지를 볼 수 있도록 해줍니다.

저는 비슷한 일들이 3번 이상 반복되면 그것을 그냥 넘기지 않습니다.

왜냐면 그것은 미처 제가 듣지 못하고 있는 잠재의식의 간절한 메시지이기 때문입니다.

이 이야기를 저에게서 들었던 한 지인이 이런 일화를 말한 적이 있었습니다.

본인이 어떤 사람과 새로운 일을 시작하게 됐는데, 그 사람은 정말 순수하고 해맑아 보이는 사람이어서 자신도 신뢰를 느끼고 있었다고 합니다.

그런데 그 즘, 유독 사람을 조심하라는 메시지가 현실에서 보였다고 합니다. 누군가는 사람을 잘못 만나서 엄청나게 고생했다는 이야기를 구구절절 털어놓기도 하고, 우연히 본 책에서 사람의 겉만 보면 절대 안 된다는 경고의 내용을 발견하기도 하고 말입니다.

그때 그 지인분은 제 이야기가 생각나서 그 반복적인 메시지를 그냥 넘기지 않고, 애초 함께 일을 하려고 했던 그 사람과 서서히 관계를 정리했다고 합니다.

그리고 얼마 후, 그 사람에 대해서 우연히 듣게 된 소식에서 실제로 결코 신뢰해서는 안 되는 사람임을 알게 됐다고 합니다.

저 같은 경우는 어떤 선택을 해야 할 일이 있었는데, 내면에서 그것을 선택해도 된다는 강한 메시지가 올라왔었기 때문에 의심 없이 결정했습니다.

그런데 막상 그 일을 본격적으로 시작하기 며칠 전부터 계속해서 물건을 엎지르는 일이 반복되는 것입니다.

화장품을 떨어뜨려서 아까운 화장품이 다 쏟아져버리고, 다 만든 음식을 엎질러서 못 먹게 돼버리는 등 비슷한 일이 연이어 3번이나 반복됐습니다. 그 패턴의 의미는 뒤집어지고 손실이 난다는 뜻이었습니다. 그것을 인식하고는 그 선택을 멈추게 됐는데, 지금 돌이켜 생각해보면 저에게 정말 다행스러운 일이었습니다.

그리고 얼마 전에는 몇 번에 걸쳐, 강의에서 마지막으로 해야 하는 일들을 잊어버린 채 생략하고 오는 것이었습니다. 한 번은 마지막에 보여줘야 하는 동영상을 빼먹고 끝을 내고, 또 한 번은 마지막으로 수료증을 나눠드려야 하는데 빼먹고, 또 한 번은 마지막 실습을 깜빡하고 마무리하기도 했습니다. 몇 년 동안의 강의 내내 그랬던 적이 한 번도 없었는데 3번을 연달아서 그런 일이 일어난 것입니다.

그 패턴의 메시지는 마지막 마무리를 잘하라는 경고였습니다.

그 일이 일어난 지 얼마 후 저에게 중요한 계약을 할 일이 생겼습니다. 계약을 앞두고 현실에서 보였던 이 메시지가 더욱 강하게 느껴졌습니다. '지금 이 계약을 하는 상대방은 끝마무리가 깨끗하지 못한 사람이구나. 마지막까지 집중해서 챙겨야겠다.'

그런데 참 신기하기도 계약이 마무리되는 시점에서 실제로 트러블이 일어나기 시작했습니다. 하지만 다행히 그것을 미리 인식하고 있었던 제가 충분히 대비를 잘하고 있었기에 위기를 손해 없이 잘 넘길 수 있었습니다. 후에 그분에 대해 좀 더 알고 보니, 계약이든 일이든 늘 뒷마무리가 좋지 않아 이미 크고 작은 구설수가 꽤 많은 사람이라는 것을 알게 됐습니다.

내면의 느낌 중에는 영감적인 부분도 있지만 기대와 집착, 수많은 두려움도 존재합니다.

우리의 잠재의식은 나의 집착 또는 나의 기대가 엉뚱한 길을 가려고 할 때, 그 길이 아니라 나에게 유리한 다른 길이 있음을 현실로 보여줍니다. 그것을 보지 못하고 무시하는 우리의 현재의식이 늘 아쉬울 뿐입니다.

며칠 전 재미있는 일을 경험했습니다.

저는 줄곧 긴 머리를 유지해왔습니다. 딱히 원하는 헤어스타일이 없고 미용실에 가는 것을 별로 좋아하지 않아서 그냥 관리하기 편한 긴 머리를 유지하고 있었습니다.

그런데 몇 주 전부터 긴 머리가 너무나 지겨워졌습니다. 거추장스럽게 느껴지기도 하고 길에서 만나는 여자들의 단발머리가 너무 산뜻하고 예쁘게 보이는 것입니다.

그래서 큰 마음먹고 과감하게 '나도 짧은 머리를 해야겠다'라고 결심했습니다. 남자들이 보기에는 별것 아닐 수 있지만, 오랜 시간 긴 머리를 유지해오다가 짧은 단발로 커트하는 것은 여성의 입장에서 제법 큰 용기가 필요합니다.

어찌 됐든 결심을 하고 혹시나 싶어 케오라에게 물었습니다.

"나 단발로 자른다!"

"머리스타일이 인생에 중요한 부분은 아니야. 그러니 네가 하고 싶은 대로 하면 돼.

그런데 자르자마자 네가 엄청나게 후회하는 모습이 보여. 그것이 안타까울 뿐이야."

순간 멈칫했습니다. 하지만 제 결심은 쉽게 사라지지 않았습니다. 왜인지 머리를 산뜻하게 잘라야 하는 일도 더 잘 풀리고 더 건강해지고 힘도 솟아날 것만 같았습니다.

"내가 엄청나게 후회할 거라는 네 말이, 정말 나를 위한 잠재의식의 메시지가 맞다면 현실에서 일어나지 않도록 막아지겠지 뭐."

"그래. 좋아."

곧이어 미용실에서 커트하기 위해 자리에 앉고 곧 담당 헤어 디자이너분이 오셨습니다.

그리고는 머리카락을 어떻게 자를지 의논하기 시작했죠. 그런데 그분은 정말 의외의 말을 하기 시작했습니다.

"고객님, 지금 고객님한테는 이 머리가 딱 잘 어울리세요. 이 기장이요. 단발은 절대 권하고 싶지 않습니다. 반드시 후회하실 거예요. 제 말 믿어보세요.

단발이 어울리지 않을 것이 뻔히 보이니까 제가 커트할 의욕이 생기지 않아요."

미용실을 자주 다니는 편은 아니지만, 지금까지 미용실에서 이런 종류의 말을 듣기는 처음이었습니다.

어찌 보면 손님의 의사를 거부하는 무례한 경우라고 생각할 수도 있겠지만, 저는 순간 알아차렸습니다.

'케오라구나. 케오라가 이분의 잠재의식에게 이렇게 전하라고 말했구나.'

그러니 이 상황이 그저 재미있고 웃을 수밖에요. 그렇게 저는 커트도 못하고 거의 쫓겨나듯이 그 미용실에서 나오게 됐습니다.

나오면서 알겠더군요. 손재주 없는 제가 단발머리를 결코 예쁘게 유지할 수 없다는 것을, 그리고 케오라 말처럼 충동적으로 잘라놓고 거울을 볼 때마다 한숨을 쉬고 있을 제가 보였습니다.

잠재의식은 현실을 실제로 바꾸고 움직이는 힘을 가지고 있습니다.

현실에서 드러나지 않는 내면의 메시지는 그저 흘러가는 나의 감정과 생각일 뿐입니다.

작게는 위의 일화처럼 자신의 존재를 보여주고, 크게는 인생 전반의 변화로 자신의 존재를 드러냅니다.

때로는 스펙터클한 변화로, 때로는 지루할 정도로 천천히 무엇인가를 바꿔 나가기도 하고,

때로는 바로 나에게 득이 되는 현실로, 때로는 억울한 일이나 현실의 손해로.

하지만 이 모든 것이 결국은 나에게 유리하게 일어나고 있다는 것은 얼마 지나지 않아 알게 됩니다. 대부분 현실의 결과에서 그 유리함이 드러나기도 하고, 아니면 의식적인 통찰로 그 유리함이 드러나기도 합니다.

언젠가 케오라에게, 그 당시 너무나 지루하게 오래 끌고 있는 어떤 상황을 두고 물었습니다.

"정말 왜 이렇게 천천히 가니? 좀 속 시원하게 빨리빨리 진행될 수는 없을까?"

"눈에 보이지는 않지만, 이 세상은 엄청난 에너지들로 얽혀있어.

빈 공간이 없을 정도로 말이야. 사람들 간의 에너지가 얽히고설켜서 닿지 않는 곳이 없어.

네가 알고 있는 사람, 스쳐 지나가는 사람, 심지어 네가 한 번도 만나지 못했던 사람 그 모든 인생의 기록들이 서로 얽혀있어서 어느 하나를 건드릴 때 수많은 사람의 에너지도 함께 변화를 일으키게 돼.

이것은 무척 섬세하고 예민한 작업이야.

수많은 생에서, 나를 위해 건드린 하나의 변화가 타인에게로 전달돼 또 다른 기록을, 또 다른 카르마를 만들기를 반복해왔어.

나는 이번 생에서 최대한 조심스럽게 모두에게 유리할 수 있는 방향으로 움직이고 있어.

그 수많은 반복을 되풀이하고 싶지는 않거든."

"영혼들도 힘든 작업을 하고 있다는 거구나."

"아니 힘든 작업이라는 표현은 어울리지 않아.

의식적으로 표현할 수 없을 정도로 경이로운 작업이야. 축복과 같은 일이지.

내가 풀어나가는 이 한 가닥의 에너지가 수많은 사람에게 긍정적인 효과를 주게 되는 것, 그것은 말할 수 없는 희열이지."

"그럼 잠재의식이 가장 힘들게 여기는 것은 뭐니?"

"현재의식과 친하게 지내는 거야.

현재의식이 나를 신뢰하고 갈 수 있도록 그들을 설득하는 것, 그들에게 나를 가장 안심하고 의지해도 좋은 존재로 드러내는 것, 그게 우리 잠재의식에게 가장 어려운 부분이야.

그러니 나는 네가 너무나 고마워. 어떤 상황에서도 나를 놓지 않는 네가 너무나 감사해.

처음 네가 나에게 눈을 맞추고 나를 느낄 때의 그 감동은 영혼의 기나긴 시간에 있어 가장 큰 선물이었어."

"그런데 케오라 너는 어디에 있니?"
"나는 물질, 공간, 시간 위에 있지 않아. 나는 흐르지도 않고 변하지도 않
는 곳에 있어."
"그곳은 어떤 곳인데?"
"아주 고요하고 평화로운 공간이지. 이곳에서는 세상 모든 것이 온전하
게 보이고 모든 것이 아름다운 완성품으로 보여."
"나도 그곳에 있고 싶어."
"얼마든지.
네가 시간 속에 있는 것이 아니라 시간의 흐름을 볼 수 있다면
네가 공간 속에 있는 것이 아니라 공간의 섬세한 에너지를 볼 수 있다면
네가 선입견 없이 모든 물질을 볼 수 있다면 얼마든지 이곳에 머물 수
있어.
열어야 할 문이란 이곳에 없고 넘어야 할 경계라는 것도 없어.
그저 네가 고요한 관찰자가 되기만 하면 돼."
"글쎄, 이 세상이 너무 시끄럽고 내 머릿속이 너무 시끄러워서 나는 가
기 힘들겠는걸."
"전쟁이 일어나도 고요함은 함께 할 수 있어."

사실 그때는 케오라의 마지막 말이 와닿지 않았습니다. 모든 것이 시끄
럽고 바쁘게 돌아가고 있는데 어떻게 고요할 수가 있을지 말입니다.
하지만 정화와 소통의 시간이 깊어질수록 케오라가 말하는 것이 어떤
느낌인지 알 것 같았습니다.

머릿속에 수많은 생각이 떠돌아다니고, 강렬한 감정에 화를 내고, 슬퍼

할 때도 언젠가부터 그 격렬함 뒤의 고요한 공간이 함께 느껴지기 시작
했습니다.

내 말과 행동 너머, 내 감정과 생각 너머, 그 너머에 늘 한결같이 고요하
고 따뜻한 공간이 함께 하고 있음이 저절로 느껴지기 시작했습니다.

그리고 그 순간 아주 중요한 사실을 인식하게 됩니다.

표면에서 일어나는 수많은 것들은 내 본질이 아니구나. 저 너머에 있는
저 고요함이 바로 케오라의 자리고 나의 본질이며 내 중심이구나.

그리고 저 고요한 중심은 내 인생에 어떤 폭풍이 몰아쳐도 흔들림 없이
나를 지탱해주고 바로잡아주고 치유해주겠구나.

"내가 너를 믿고 신뢰하는 거 알지?"

"그래 알지.

눈에 보이는 모든 네 현실을 믿고 신뢰하는 것이 곧 나를 믿고 신뢰하는
거야.

눈에 보이는 모든 경험을 존중해주는 것이 나를 존중하고 사랑해주는
거야.

너의 모든 현실에 나의 에너지가 가득 차 있으니까 말이야.

네 행동과 말을 믿고 신뢰하는 것이 곧 나를 믿고 신뢰하는 거야.

네 행동과 말을 사랑하고 존중해주는 것이 나를 존중하고 사랑해주는
거야.

너의 그 모든 행동과 말에 내 에너지가 가득 차 있으니까 말이야."

비논리적인 세상이 만드는 기적

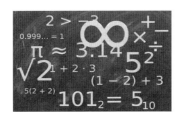

정화와 소통을 하기 전에는, 모든 세상이 논리적으로 돌아간다고 확신하며 살아왔습니다. 참 어이없게도 인생이, 인간의 논리적인 뇌 안에서 다 설명이 된다고 믿었던 것 같습니다. 그렇게 인생을 좁고 만만하게 보는 듯했으나, 한편으론 아이러니하게도 그런 인생을 오히려 두려워하며 무기력하게 살아왔습니다.

지금 돌이켜보면 인생을 바라보는 저의 관점이 이렇게 참 모순이었습니다.

케오라는 저에게 이런 말을 한 적이 있습니다.

"인생은 결코 논리적이지 않아. 의식이 만들어낸 논리나 규정 안에서 돌아가고 있지 않아.

잠재의식은 논리적으로 인생을 창조하지도 않고 규정에 맞춰서 인생을 창조하지도 않아.

맞춰야 하는 논리와 규정 속에서는 결코 기적을 만들어낼 수 없지.

네 의식이 논리적으로 인생을 끼워 맞추려고 할 때마다, 나의 자유로운 창조의 영역은 줄어들 수밖에 없어.

네 의식이 정해진 규정 속에서 인생을 만들어야 한다고 할 때마다, 나의 영감적인 에너지는 막힐 수밖에 없어."

여전히 논리적인 틀 속에서 인생을 바라볼 때가 많은 저지만, 과거와 비교해보면 그래도 많이 자유로워졌음을 느낍니다.
그리고 유연하게 관찰해본 인생은 정말 케오라의 말처럼 논리가 없었습니다.
그런데도 사람들은 마치 인생이 아주 논리적으로 흘러가고 있는 것처럼 종종 착각하고 있습니다. 인생이 내 목표 안에서 충실하게 움직이는 것처럼 보이고, 내가 당연하다고 믿고 있는 논리성 안에서 움직이며, 내가 타당하다고 확신하는 틀 안에서 움직이는 것처럼 인생을 봅니다.

하지만 놀랍게도 인생의 움직임에는 아무런 논리가 없었습니다.
돈을 아끼면 돈이 모여야 하는 것이 맞는 이치인데, 그것이 전혀 맞지 않는 인생도 있습니다.
돈을 아낄수록 돈이 새어나가고, 돈을 쓸수록 돈이 들어오는 인생 말입니다.
저 또한 그랬습니다. 돈을 악착같이 모으려고 할 때마다 물거품처럼 모아둔 돈이 허무하게 빠져나가기 일쑤고, 오히려 돈을 쓰고 나면 어김없이 돈이 들어오는 것입니다.

얼마 전 강의에서 선생님 한 분이 이렇게 말씀하셨습니다.
"선생님, 저는 평생 열심히 일해서 돈을 정말 성실하게 모아왔습니다. 그런데 정작 저한테 남은 것은 하나도 없어요. 모으면 나갈 일이 생기고, 좀 모을라치면 또 나갈 일이 생기고,
제대로 저를 위해서 쓴 적도 없는데, 돈은 늘 남한테 뺏기듯이 나가버리네요. 정말 허무합니다."

"그럼 먼저 선수 쳐서 돈을 써버리세요.

이제 아시잖아요. 선생님의 인생에서 돈이 어떻게 움직이고 있는지를 말입니다.

그동안에는 돈을 열심히 아끼고 모으면 풍요롭게 살 수 있게 될 것이라는 논리 속에서 움직이셨다면 이제 그 논리를 버리세요. 적어도 선생님 인생은 그 논리 속에서 돈이 돌아가고 있지 않네요.

지금부터는 돈이 들어오면 남에게 뺏기기 전에 먼저 나를 위해 여행도 가고 그동안 써보지 못했던 곳에 돈도 써보고 작은 기부도 해보세요. 아마 쓴 만큼 또 들어오기를 반복할 겁니다.

선생님이 원하는 곳에 돈을 쓰고 산다면, 그게 풍요로운 삶 아니겠습니까."

"맞아요. 그러고 보니 지금까지 큰돈이 모인 적은 없으나 그렇다고 쓸 돈이 마르지도 않았던 것 같아요. 제가 그냥 잘 쓰면 되는 거였네요. 감사합니다!"

우리는 돈을 생각할 때 모여있는 돈을 기대합니다. 하지만 돈의 입장에서는 고여있고 싶어 하지 않습니다. 돈은 자신이 어떻게 흐르고 어떻게 쓰일지를 기대합니다.

어쩌면 돈을 얼마나 긍정적으로 나를 위해 잘 쓸 것인가를 고민하는 것이 돈과 친해지는 길일지도 모릅니다.

15년을 낡은 빌라에서 살았던 저는 깨끗한 새 아파트에서 살아보고 싶었습니다. 하지만 그것은 막연한 꿈일 뿐이었고, 결코 제 형편에는 일어날 수 없는 일이었습니다.

그 당시, 돈을 모아야 좋은 집에 이사도 갈 수 있다는 것이 저의 당연한 논리였는데 그것을 알면서도 저는 적은 수입으로 알뜰히 돈을 모으기는커녕, 유럽이며 미국이며 여행을 다니는 데 써버리고 있었습니다. 그러니 새 아파트에서 산다는 것은 그저 저의 상상 속에서나 가능한 일이었습니다. 적어도 상상 속에서는 논리적일 필요가 없다는 것을 저도 알고 있었으니까요.

그런데 저의 인생은 이번에도 아주 비논리적인 흐름 속에서 기적을 만들어냈습니다. 무일푼이었던 제가 무엇에 홀린 듯 백 퍼센트 빚을 내어 (백 퍼센트 빚을 낼 수 있었다는 것 자체도 기적이었습니다.) 아파트를 계약하고 무작정 사고 치듯 이사를 했을 때, 저희 어머니는 이자를 감당하지 못해 곧 파산할지도 모른다며 큰 걱정을 하셨습니다.

하지만 이사 후, 거짓말처럼 그 빚들이 빠르게 갚아지기 시작했습니다. 돈이 집을 샀던 것이 아니라 마치 나의 집이 자신의 돈을 스스로 만들어내는 듯했습니다.

알고 보면 그 빚은 제 몫이 아니라 저를 끌어당긴 집의 몫이었을지도 모릅니다.

인연에서도 저의 논리는 전혀 소용없었습니다. 누군가에게 최선을 다해 잘해주면 당연히 그 사람과 잘 지내야 하는 것이 맞는데, 잘해준 그 사람에게서 배신을 당하게 되기도 하고, 오히려 무심하게 대했던 사람이 힘들 때 은인처럼 나타나기도 했습니다.

필요하다고 애착을 부릴수록 튕겨 나가던 사람이, 이제 필요 없다며 밀어내니 오히려 찰싹 붙기도 했습니다.

열심히 일하면 당연히 그만큼 성과가 나오는 것이 저의 논리에서는 맞는 이치였는데, 살아보니 반드시 그렇지도 않았습니다. 열심히 성의를 다해 한 일인데도 실수 연발에 꼬였던 적이 있었고, 그냥 취미 삼아 가볍게 해본 일인데 생각지도 않게 큰 성과를 얻은 적도 있었습니다.

수십 년을 그렇게 비논리적인 인생 속에서 살았으면서 정작 저는 논리적인 틀에 미련을 버리지 못하고 살아왔던 것 같습니다.

그리고 제 의식이 버리지 못한 논리와 수많은 규정 속에서 제 잠재의식은 너무 오랫동안 숨죽여 살아왔습니다.

정화와 소통을 통해 관찰해본 인생 속에서, 비로소 저는 케오라의 시선에 조금은 다가갈 수 있었습니다.

'알고 보면 세상에 완벽하게 논리적인 것이란 없구나. 인생에 완벽한 규칙인 것이 없구나.'

처음엔 이것이 두렵고 혼란스러웠으나 이내 케오라의 말에 큰 희열이 느껴졌습니다.

논리를 버릴 때, 내가 당연하다고 생각해왔던 수많은 규정 속에서 벗어날 때, 인생이 꽉 막힌 밧줄에서 풀려난 듯 얼마나 자유롭게 움직여질지가 보였기 때문입니다.

인생에서 유일한 규칙은 어찌 보면 인과법입니다. 하지만 그 인과법 또한 우리가 흔히 아는, '착하게 살면 복을 받고, 나쁘게 살면 벌을 받는다.'와는 사뭇 다르게 돌아가고 있습니다.

착하게 살아도 늘 불행 속에 놓인 사람들이 틀림없이 있고, 이생에서 받지 못한 복을 다음 생에서 받게 될 것이라는 기대는 헛된 것일 수도 있습니다. 어쩌면 피해자는 이유도 모른 채 1000년을 반복적인 피해자로 살아갈지도 모른다는 것입니다.

"나는 피해자야! 억울해!"라는 강한 신념이 1000년 동안 이어진다면 그 사람은 싫든 좋든 피해자의 삶을 반복할 수밖에 없습니다.

나의 뿌리 깊은 신념을 알아서 바꿔주는 신은 없으니 말입니다. 스스로 그 기억을, 그 강한 신념을 바꾸지 않는다면 말입니다.

결국은 유연한 사고가 잠재의식의 활동영역을 넓혀주게 됩니다.

내 생각이 내 인생 어디를 막고 있는지를 제대로 보게 될 때, 우리의 인생이 자유롭고 신비로운 기적의 에너지 속에서 변화하고 움직이게 됩니다.

다들 이 일화 한 번쯤은 들어보셨을 것입니다.

일생 신에게 "복권에 당첨되게 해주세요."라고 빌었던 어떤 사람이 결국은 한 번도 복권에 당첨되지 못한 채 죽게 되고, 신 앞에 서게 됐답니다. 그리고 그는 원망스러운 표정으로 신에게, 그렇게 간절하게 빌었는데 왜 한 번도 자기 소원을 들어주지 않으셨냐고 따지게 됩니다. 그에 신은 더 답답한 표정으로 이렇게 말씀하셨다죠.

"네가 복권을 사야 당첨되게 해주지!"

어느 날, 어떤 모임에서 아주 신통한 영적 능력이 있다는 사람을 만나게 됐습니다. 그분이 저에게 예전에 있었던 자신의 일화를 아주 자랑스럽게 이야기했습니다.

"옛날에 제가 산속에서 기도 공부를 할 때였어요. 기도에만 매진하다 보니 쌀이 떨어진 것도 몰랐지요. 밥을 먹으려고 보니 쌀이 하나도 없는 겁니다. 그런데 저는 쌀을 사러 내려가는 것이 번거롭고 기도할 시간이 아까워서 신에게 쌀을 만들어 달라고 기도를 올렸습니다. 그런데 그다음 날 부엌에 정말 쌀이 가득 차 있는 것이 아닙니까. 신이 쌀을 만들어서 채워주신 겁니다."

'정말 대단한 능력이 있는 분이구나…'라는 생각도 잠시, 케오라가 단호하게 말했습니다.

'**인생에 기적은 있지만, 마술쇼는 일어나지 않아.**'

인생이 비논리적이라고 말하는 케오라는 여기에 한 가지를 더해서 이야기합니다.

아무것도 없는 항아리에 거짓말처럼 쌀이 짠! 하고 채워지는 마술쇼는 결코 인생에서 일어나지 않는다는 것입니다.

물질 세상에 펼쳐지는 일에는 '과정'이라는 것이 반드시 존재한다고 합니다.

제가 어떤 일을 빨리 처리해달라고 조급하게 조를 때도 케오라는 이 부분에 대해서 종종 언급하곤 합니다.

"현실에 모습을 드러내는 모든 것에는 그것이 만들어지는 신성한 과정이 존재해. 그 과정을 존중해줘."

예를 들어 앞서 말한 일화에서 그분의 말이 사실이라면, 쌀독에 쌀이 채워지는 과정에는 기도하고 있을 그분을 위한 어떤 지인의 정성이 있었을 것입니다.

제가 무리해서 이사를 하고 집값이 매어졌던 것 또한 어느 날 일어나니 집이 나에게 돈을 던져준 것이 아니라, 자연스럽게 이사 후 돈을 벌 여러 기회가 생겨나고 그것에 충실히 따른 과정이 있었습니다.

그리고 이 모든 과정을 케오라의 말처럼 존중해줄 때, 우리는 덤으로 그 과정 속에서 감사함이라는 숨겨진 보석들을 볼 수 있게 됩니다.

우리의 잠재의식은 아주 비논리적이고, 아주 신비스럽지만 정성스런 과정을 거쳐 기적을 만들어냅니다.

이것 다음에 저것이 오고, 이러했으니 저렇게 될 것이고 등의 논리는 우리의 잠재의식에게 통하지 않습니다.

우리의 의식이 논리의 고집을 내려놓을 때, 그 기적은 빛을 발하게 됩니다.

'정화와 소통을 모르고 살았다면 나는 지금 어떤 삶을 살고 있었을까…'

가끔씩 올라오는 이 생각은 이제 저에게 잔인한 상상이 됐습니다. 우울하고 부정적인 끔찍한 삶을 살고 있을 것이 뻔히 보이기 때문입니다.

정화와 소통이라는 길 위에서 가끔 뒤를 돌아보면 늘 감탄이 터져 나옵니다.

잠재의식이 만들어내는 작품을 마주할 때마다 탄성이 절로 나옵니다.

전혀 상관없을 것 같은 조각조각의 경험들이 어느새 하나의 완성된 작품으로 드러나고, 그 완벽한 타이밍과 조각들의 배치에 저는 진심으로 경이로움을 느끼게 됩니다.

분명히 삼각형의 경험과 네모의 경험이라서 아귀가 맞을 수 없는데, 거짓말처럼 잠재의식은 그것을 완벽하고 조화롭게 하나로 이어붙입니다. 그리고 논리를 벗어난 그 조합에서 제 의식의 수준으로는 감히 예측할 수 없었던 시너지가 일어납니다.

'이것이 바로 잠재의식의 움직임이구나. 신의 에너지가 있다면 바로 이런 움직임이겠구나.'

그리고 이 속에는 늘 명백하고 절대적인 규칙이 하나 있습니다.

그 어떤 순간도, 그 어떤 경험도, 그 어떤 인연도 나를 위해 존재한다는 것입니다.

결국 모든 것이 나에게 가장 유리하게 흘러가고 있다는 것입니다.

그것이 지금 저에게는 인생의 아름답고도 유일한 절대 규칙이 됐습니다.

늙지 않는 인생

어린아이들의 눈에 보이는 세상은 호기심 그 자체일 것입니다.
태어난 지 얼마 지나지 않은 아기들도 주변에 무엇이 있는지 그들만의
감각으로 열심히 탐색합니다. 엄마의 냄새, 흐릿하지만 익숙한 가족들
의 실루엣, 처음 맛보는 우유… 온통 새로운 경험들일 것입니다.
놀이터에서 뛰어노는 아이들을 보면, 한 가지 놀이기구를 타면서도 앉
아서 타봤다가 아슬아슬하게 서서도 타봤다가, 그런가 하면 어느새 모
래 위에 주저앉아 지나가는 개미떼를 유심히 관찰하기도 합니다.
사춘기가 돼서는 자신의 감정과 생각을 조금 더 명확히 인식하게 되고,
그동안 보지 못했던 어른들의 세상에 호기심을 갖기 시작합니다. 어른
흉내를 내면서 새로운 경험을 끊임없이 만들어냅니다.

나이가 들기 시작하고 어른이 돼서는, 새로운 세상을 향하던 '호기심'이
'나는 이제 알고 있어'로 바뀌게 됩니다. 더 이상 궁금한 것도 없고 새로
울 것도 없으며 내가 아는 것으로만 분석하고 평가내리며 조심조심 몸
을 사리며 살게 됩니다.

내면의 호기심이 '안다'로 바뀌는 순간 우리는 진짜 나이가 들어가기
시작합니다.
유연했던 내면이 딱딱한 내 기준으로 각이 지는 순간 우리는 진짜 늙어
가기 시작합니다.
끊임없이 즐거움을 찾아 나섰던 우리의 시선이 오직 중요한 것에만 꽂
히는 순간 우리 인생은 싱싱함을 잃고 빛바래지기 시작합니다.

나이가 든다고 무조건 늙는 것은 아닙니다. 물론 신체는 나이에 따라 분명 자연스러운 노화가 이뤄질 것입니다. 하지만 인생은 늙을 수도 있고 늙지 않을 수도 있습니다.

나이가 든다 해도, 신체 노화가 서서히 이뤄진다고 해도 내 인생은 늘 푸르고 젊을 수 있다는 것입니다. 나이가 들어도 얼마든지 새로운 기회와 변화를 만나고 설렐 수 있다는 것입니다.

내가 알고 있는 세상을 보는 것이 아니라 이제 막 새로운 세상을 알아가듯, 호기심에 가득 찬 어린아이의 시선으로 세상을 볼 수만 있다면 내 인생은 늙을 수가 없습니다.

40년, 50년이나 살았는데 세상을 알아간다는 것이 모순일 것 같다고요?

저는 정화와 소통을 하면서 완전히 새로운 세상을 보기 시작했습니다. 다시 어린아이가 된 것처럼 말입니다.

그동안 제가 못 보고 산 것이 너무나 많았습니다. 이 세상은 결코 다 안다고 말할 수 없을 만큼 무궁무진한 곳인데 저는, 대충 이 정도 살아보니 다 알겠다는 오만함 속에 살고 있었습니다.

매일 보는 가족들이지만 내가 미처 보지 못하고 넘긴 그들의 부분들이 너무나 많았고, 스쳐 지나가는 수많은 인연은 똑같은 사람들이 하나도 없었습니다.

매일 같이 다른 바람, 다른 습도, 다른 온도의 다른 환경 속에 살면서도 그저 비 오는 날씨 화창한 날씨 또는 흐린 날, 밝은 날로만 그날을 정의하면서 다 똑같은 날이라고 말했습니다.

창밖만 보고 있어도 시간 따라 지나가는 사람들, 나무의 모습들, 지나가는 차들 등등. 다 다른 풍경들인데 집 앞이라 늘 익숙한 하나의 풍경이라고 믿고 있었습니다.

나는 왜 **호오포노포노**가 안 되는 걸까?

경험들은 또 어떤가요? 알고 보면 같은 경험이 하나도 없었는데 저는 그저 똑같은 생각과 똑같은 감정 속에서 경험했다는 이유로 그 경험 또한 똑같은 것이라고 단정 짓고 있었습니다.

어쩌면 창조주를 기만했던 것인지도 모릅니다. 끝을 알 수 없는 우주속에서 먼지 같은 존재인 제가 더 이상 궁금한 것도, 새로울 것도 없다며 단조롭게 세상을 보고 있었으니 말입니다.

세상은 우리가 죽을 때까지 호기심을 가지고 탐색해도 다 알 수 없을 정도로 무궁무진한 곳입니다. 다만 내가 알기를 포기하고, 언젠가부터 내가 아는 세상 안에서만 살겠다고 선언했을 뿐입니다.
호기심을 포기하고 새로운 경험을 포기하는 순간 인생은 급격하게 노화되기 시작합니다.

바쁜 와중에도 치열한 사회생활 중에도 얼마든지 호기심 어린 눈으로 세상을 관찰할 수 있고 새로운 경험을 할 수 있습니다.
시시각각 달라지는 구름의 흐름을 보기도 하고, 거창한 여행이 아니더라도 한 번도 가보지 않았던 낯선 동네의 카페에서 차 한잔 해보세요.
그리고 지나가는 사람들을 정성스럽게 보다 보면 그들의 모든 움직임에서 생명의 신비로움이 느껴집니다. 그리고 어쩜 저렇게 다들 다를 수 있을까… 신의 작품 하나하나가 경이롭게 느껴집니다.
새로운 경험은 인생을 새로워지게 만듭니다.
"내가 아는 것이군."이 "와… 새로운 것이 엄청나게 많군."으로 바뀔 때 내 인생은 커지게 됩니다.

같은 생각을 반복하다 보면 의식이 딱딱해집니다. 의식이 딱딱해진다는 것은 한 가지 색으로만 세상을 본다는 것과 같습니다.

빨간 생각만 반복한 사람은 결국 새빨간 안경을 쓰고 세상을 보게 됩니다. 얼마나 답답하고 안타까운 일입니까.

실제 세상은 우리가 일일이 정의하지 못할 만큼 오묘하고도 다채로운 색상으로 이뤄져 있는데 말입니다.

나의 반복적인 생각을 바라보고 알아챌 수 있다면, 그래서 그 생각의 안경을 벗을 수 있다면 세상은 완전히 색다른 곳으로 보이게 됩니다. 비로소 세상의 모든 색을 다 볼 수 있고 담아낼 수 있게 됩니다.

그렇게 의식이 유연해져서 세상의 색다름과 새로움을 내 안에 흡수시킬 수 있게 되면 우리의 인생은 결코 나이 들지 않습니다.

생각을 생각할 수 있을 때 의식은 노화되는 것이 아니라 진짜 성장을 하게 되며, 그 생각을 뒤집을 수 있을 때 내 인생은 비로소 변화할 것입니다.

정화와 소통을 하기 전의 제 인생은 심각하고 중요한 것으로 가득 차 있었습니다.

중요하기 때문에 절대로 포기할 수 없고, 중요하기 때문에 집착할 수밖에 없었고,

그리고 사는 데 중요한 것들 때문에 수많은 고민과 계획을 하고 동시에

나는 왜 호오포노포노가 안 되는 걸까?

실망과 좌절을 느끼기도 했습니다.

그러면서 제 인생은 시들시들하게 늙어갔던 것 같습니다. 보기에는 멀쩡한 20대, 30대였지만 내면은 지칠 대로 지쳐버린, 그래서 심지어 죽음까지도 선택하고 싶었던 병든 노인이었습니다.

모든 삶의 의욕과 에너지가 바닥을 쳤을 때, 호오포노포노를 시작하게 됐고 저의 잠재의식인 케오라를 만나게 됐습니다.

케오라는 늘 저에게 말했습니다.

"너의 그 수많은 생각들, 멋진 계획들, 치열한 고민… 그런 것들은 허무하게도 인생에 아무런 도움이 되지 않아.

중요한 것을 쫓아갈 때 그 중요한 것은 점점 더 멀어질 거야.

순수한 아이처럼 즐거움을 쫓아갈 때, 네가 더 이상 중요하지 않다며 내려놓은 그 중요한 것들이 네 옆에 비로소 있게 될 거야."

즐겁게 살려면 우선 즐거움이 뭔지를 인식하고 느껴야 합니다.

까다로운 내 입맛에 딱 맞는 식당을 발견하고 맛있는 음식을 먹을 때,

마음 맞는 친구들이랑 시간 가는 줄 모르고 수다 떨며 웃을 때,

무심코 바라본 일몰의 색이 너무나 아름다워 감탄이 나올 때,

알고 보면 우리는 하루 중 수많은 즐거운 시간을 경험하면서도 놓치고 있었습니다.

중요한 것만 보고 있었거든요.

즐겁게 산다고 해서 인생이 방탕해진다는 것은 아닙니다. 즐겁게 살기를 선택한다고 해서 내가 지금껏 중요하게 붙잡고 있었던 것들, 직장, 사랑, 돈, 건강 등을 포기한다는 것은 아닙니다.

인생은 참 아이러니합니다. 무겁고 심각하게 붙잡고 있던 일들은 결코 쉽게 풀리지 않고 가볍게 생각하고 넘긴 일들은 쉽게 이뤄지기도 합니다.

중요하다는 것은 집착을 만들어내고 집착은 심층의식(기억)의 대표적인 감정체입니다. 그것이 중요할수록 심층의식(기억)은 더욱 강해지고 잠재의식의 순수한 창조성과는 멀어지게 됩니다.

힘을 빼고 즐거운 것에 집중하고 있을 때, 활성화된 잠재의식이 알아서 우리에게 필요한 것들을 완벽한 타이밍에 가져 놓습니다.

그러니 즐겁게 산다고 해서 중요한 것들을 포기하는 것이 아니라 인생의 필요한 것들이 스스로 조화가 이뤄질 수 있도록, 기회와 여유를 준다고 생각하면 됩니다.

강의할 때 저는 이렇게 말합니다.

아무리 해결하려고 해도 해결되지 않는, 나를 지긋지긋하게 붙잡고 있는 그 문제를 향해 말하세요.

"너 안 가도 괜찮아. 내 옆에 있고 싶으면 있어. 왜냐면 네가 있어도 얼마든지 난 즐거울 수 있거든."

그럴 때 그 문제는 마치 목적을 잃은 듯, 나에게 흥미를 잃고 스스로 떠나갑니다.

그 문제가 나하고 했던 놀이는 서로서로 붙잡고 실랑이를 벌이는 거였는데 애초 놀이의 목적이 사라지니 악착같이 붙어있을 이유가 없어진 것입니다.

우리가 긴 인생을 마치고 영혼의 세상에 갔을 때, 신이 있다면 또는 나를 맞이하는 어떤 존재가 있다면 과연 그들이 나에게 무엇을 물을까요?

내가 얼마나 큰집에 살았는지, 내가 얼마나 대단한 직장에 다녔는지, 또는 내가 얼마나 많은 사람에게 도움이 됐는지, 내가 얼마나 바르게 살았는지를 물을까요?

케오라는 늘 '나'를 심판하는 존재는 없다고 합니다. 유일한 심판은 '나'

를 바라보는 내 시선이라고 했습니다.

죽음 후에 만날 존재들은 우리에게 물질 세상의 경험들이 얼마나 멋지고 아름다웠는지 만을 궁금해할지도 모릅니다.

어느 날, 버스 안에서 중년 여성 두 분이 이런 이야기를 나누고 있었습니다.

"요즘은 돋보기가 없으면 영 안 보여. 가까운 것이 안 보이니 얼마나 답답한지 몰라."

"난 무리하게 움직이고 나면 온몸이 다 쑤시고 아파. 정말 서글프지 뭐야."

저는 그 대화를 들으며 심각하게 생각했습니다.

'아… 나도 이제 곧 겪을 일이구나. 가까운 것도 점점 안 보이고 몸도 둔해지고. 나이 든다는 것이 정말 슬픈걸.'

그런 제 생각에 대해 케오라가 이렇게 말했습니다.

"나이가 들면서 가까운 것이 잘 보이지 않는 것은, 이제 세상을 두루뭉술하게 보라는 거야.

자세히 보고 따지고 분석하려고 하지 말고 전체적인 실루엣을 보라는 의미야.

바로 앞만 보면서 따라가던 좁아진 시야를, 먼 곳의 아름다움도 볼 수 있도록 만들어주는 의미가 있어.

나이가 들면서 몸이 둔해지고 조심스러워지는 것은 빠르고 격렬하게만 살지 말고 천천히 여유롭게 살아가라는 거야.

몸과 교감하지 않고 마음대로 움직이던 지난날에서, 이제는 몸과 함께 천천히 매 순간을 움직이고 즐기라는 거야.

그 깊은 의미를 안다면 노화라는 것이 결코 서글픈 일만은 아니야.

그만의 깊은 즐거움이 무엇인지를 깨닫게 될 테니까 말이야."

정화와 소통을 하면서 생긴 버릇 같은 생각이 하나 있습니다.

"나는 커서 뭐가 될까… 나는 커서 또 얼마나 멋진 일을 하고 있을까."

40대 중반을 바라보는 제가 이런 고민을 하고 있다고 하면 다들 웃으실 것입니다.

하지만 저에게는 아주 소중한 고민입니다.

제 인생은 아직도 자라고 있고, 신체 나이에 상관없이 제 인생은 늘 젊을 거거든요.

제 인생은 죽음을 앞둔 어느 날까지도 새로운 경험과 호기심에 가득 차 있을 것입니다.

그리고 인생의 끝에 저는, 놀이터에서 실컷 놀고 단잠에 곯아떨어지는 어린아이의 천진난만한 미소를 하고 있을 것입니다.

카르마를 쌓는 삶 vs 카르마를 정리하는 삶

몇 년 전의 일입니다.

지인 중에 역학을 공부하신 분이 계셨는데 그분이 어느 날 저를 보고는 내년에 횡재수가 있으니 꼭 잡으라고 하는 것입니다. 그때만 해도 대수롭지 않게 웃으며 넘겼습니다.

그리고 다음 해 정초, 인터넷에서 물건을 하나 구입하니 서비스로 토정비결이 나오는 것입니다. 그 토정비결에 올해 안에 대박 날 운이 있다는 부분이 있었습니다.

참 재미있었던 것은 그 후 얼마 지나지 않아 다른 지인으로부터 그와 비슷한 말을 또 듣게 됐다는 것입니다.

현실에서 3번 이상 같은 일이 반복되면 그것은 틀림없는 잠재의식의 메시지입니다. 제가 미처 듣지 못하고 있는 부분에 대해 잠재의식이 현실을 통해 보여주는 것입니다.

그렇게 3번의 비슷한 메시지를 접한 저는 그해 내내 저에게 오는 기회가 없는지를 잘 살펴보게 됐습니다. 횡재수, 대박이라고 하는데 당연히 잘 챙겨야지요.

그런데 정말 그해 중반 즈음 저에게 뜻밖의 기회가 찾아왔습니다. 작은 카페를 가맹점으로 할 수 있게 된 것인데, 그동안 세 번이나 들은 말이 있었기에 놓치지 않고 망설임 없이 그 기회를 선택했습니다.

그 선택이 영감이었는지 심층의식(기억)에서 나온 것이었는지는 중요하지 않습니다. 정화와 소통의 길 위에서 일어나는 모든 선택은 정화의 과정이기 때문입니다.

심층의식(기억) 속에서 그것을 선택했다 하더라도 그것 또한 케오라의 의도일 것입니다. 그리고 그 의도는 반드시 저에게 유리할 것이라는 믿음이 있습니다.

그러니 살면서 하는 모든 선택에 대해 저는 후회나 자책이 없습니다. 저는 그저 경험하면 됩니다.

그런데 목돈을 들여 시작했던 그 선택은 하자마자 현실적인 일들로 꼬여가기 시작했습니다.

특히 그 일에 관련된 사람들과 계속해서 트러블이 일어나기 시작하는 것입니다.

공사에 관련된 사람들부터 부동산에 얽힌 사람들, 직원들…

사람들과의 트러블이 일어나기 시작하던 초반에 조용히 앉아서 케오라에게 물었습니다.

"케오라. 내가 잘못된 선택을 한 것일까?"

"잘못된 선택이란 것은 없어. 늘 유리한 선택만 있을 뿐이야."

"그런데 시작도 하기 전에 왜 이렇게 사람들과의 일이 꼬이는 거지?"

"내가 너에게 묻고 싶은 것이 있어.

지금까지 네 인생에서 그리고 네가 기억하지 못하는 수많은 인생을 합해서, 긍정적인 인간관계만 있었다고 생각하니?

인간관계에 관련된 네 내면의 에너지가 순수하고 긍정적일 거라고만 생각하니?"

"아니… 그건 절대 아니지. 내가 기억하는 것만 해도 수많은 부정적인 감정에 얽힌 인연이 많았었는데 말이야. 당연히 내 안에 부정적인 인연에 대한 기억과 감정들이 많이 있겠지."

"넌 앞으로 많은 사람을 만나야 해.

네가 가야 할 정화와 소통의 길에서 수많은 인연을 만나게 될 거야.

나는 그 소중한 인연들을 위해서 네 안에 있는 인간관계의 부정적인 에너지를 지금 정화할 거야."

설상가상으로 카페는 애초에 기대했던 것보다 운영실적 또한 좋지 않아 현상 유지만 겨우 가능할 정도였고, 끊임없이 사람들과의 마찰은 더욱 거세게 일어나기 시작했습니다.

그중에서는 전적으로 억울한 일도 있었고 서로 오해가 생겨 작은 일에 갈등이 생긴 일도 있었습니다.

다시 한번 케오라에게 이 상황에 대해서 물었습니다.

"횡재라면서. 대박이라면서."

"지금 너의 인생에 아주 좋은 에너지가 서린 것은 분명해.

그리고 나는 이 좋은 에너지 속에서, 이 완벽한 타이밍 속에서, 가장 깨끗한 물로 네 기억을 청소하고 있어."

"나는 지금 이 상황이 아주 불편해. 사람들에 대한 실망감에 지쳐가고 있어."

"그 사람들은 너에게 중요한 사람들이 아니야. 다들 스쳐 지나가는 사람들이야.

너에게 정리돼야 할 부정적인 에너지를 네가 사랑하는 사람들, 너를 믿고 있는 지인들, 앞으로 정화와 소통을 위해 만나게 되는 많은 사람을 통해서 드러나게 할 수는 없었어.

지금 우리에게 주어진 이 유리한 에너지를 이용해 큰 공터에 간이 건물을 한 채 지은 거야.

그리고 그 속에서 마음껏 너의 인간관계를 청소하고 정화하는 중이지.

이게 바로 네 인생에 진짜 횡재수고 대박이야.

너의 부정적인 에너지를 인생에 전혀 해를 주지 않는 이 자유로운 곳에서 마음껏 청소할 수 있다는 것 말이야.

이 청소가 끝났을 때 너는 그저 아름답고 소중한 인연들만 보게 될 거야.

그리고 이 상황은 어디까지나 인간관계에 국한된 정화고, 돈에 관련된 카르마는 아니야.

그러니 금전적인 부분은 손해를 보는 일이 없을 거야."

케오라의 이 메시지는 당시 나를 위협하는 듯 보였던 현실에 안정감을 줬고, 그 불안정해 보이는 현실 또한 나에게 유리한 것이라는 중심을 다시 한번 잡아줬습니다.

그렇게 몇 개월이 지난 어느 날 아침, 잠에서 막 정신이 들려는 찰나 오랜 과거에 서로 큰 상처를 주고받았던 한 사람이 강하게 떠올랐습니다. 마치 그 사람이 지금 내 옆에 있는듯한 강렬한 느낌에 소름이 끼칠 정도였습니다.

이미 그 순간 그것은 과거가 아니라 생생히 살아있는 현재였습니다. 과거와 현재, 미래는 없다는 케오라의 말, 그저 의식의 초점이 어디에 가 있느냐에 따라 현재가 된다는 말이 이해되는 순간이었습니다.

저절로 제 의식의 초점이, 그 사람과의 기록에 맞춰지게 됐고 그 순간 그 과거의 기록은 더 이상 과거가 아닌 현실처럼 생생해졌습니다.

그 길로 저는 눈을 감고 자기최면을 통해 용서 작업을 스스로 진행했습니다.

서로에게 쌓여있던 오해를 풀고 뜨거운 눈물로 서로를 용서하고 그 사람을 놓아줬습니다. 까마득한 과거의 일이었고 내 마음속에서 이미 다

정리가 됐다고 확신한 기억이었는데, 아직도 그 기억은 가슴 깊은 심층의식 속에서 자책과 후회로 응어리져 있었던 것입니다.

그리고 그 기억 속의 인연은 나의 수많은 인연을 대표하듯 강렬하게 모습을 드러내 그 기억을 정화할 기회를 제공해줬습니다.

그 용서 작업을 끝내고 나니 마음이 너무나 가벼워졌습니다. 내 마음속에 이렇게 무거운 돌덩이가 있었는지도 모르고 살아오다가, 어느 날 운좋게 저절로 쑥 빠진 것처럼 정말 애초의 예언들대로 횡재한 기분까지 들었습니다.

'요 몇 달간 카페와 관련해서 일어났던 모든 일이 이제야 완벽히 이해가 되는군.

왜 이렇게 나를 괴롭히나 했던 사람들이 알고 보니 나의 정화 세션을 도와주는 사람들이었구나.'

그 순간 지긋지긋하기만 했던 인연들이 그리고 그 카페가 진심으로 감사하게 느껴졌습니다.

그리고 직감했습니다. 이제 이 세션으로 모든 것이 마무리되리라는 것을요.

정화거리라고 생각했던 그것이 사실은 정화할 필요자체가 없었다는 것을 알 때 비로소 진짜 정화가 일어납니다.

원망했던 그것의 관점이 진심 어린 감사로 바뀌는 순간 그 형태 또한 변형이 일어나게 됩니다. 원망의 관찰자가 감사의 관찰자로 바뀌는 순간 그 원망의 대상은 더 이상 원망이 아닌 것이 됩니다.

문제를 해결해야 하는 것이 아니라, 애초에 문제가 아니라는 것을 알게 될 때 그 문제는 진짜 해결이 됩니다.

케오라가 늘 하던 말처럼 말입니다.

"문제는 없어. 문제가 아닌데 문제라고 인식하고 있는 네 착각이 유일한 문제야."

그리고 실제로 얼마 지나지 않아 케오라의 말처럼, 정리되지 않을 것 같았던 그 카페는 금전적인 손해 없이 원래 주인에게 다시 돌아가게 됐습니다. 모든 것이 제자리를 찾은 셈이죠.
결국 나에게 그 카페는, 케오라의 말처럼 잠시 대여해서 나의 카르마를 푸는 장소로 활용됐던 것입니다.

정화와 소통을 꾸준히 하게 되면, 말 그대로 정화와 소통의 에너지가 인생 속에 스며들게 됩니다. 인생이 결국은 정화와 소통이라는 에너지 속에서 흘러가게 됩니다.
그럴 때 모든 경험은 정화의 과정이 되고, 그 모든 경험 속에 잠재의식의 에너지가 함께 하게 됩니다.
수천 년을 기억의 카르마를 쌓아오기만 했던 인생이 비로소 카르마를 풀어나가는 인생으로 바뀌게 됩니다.

과거의 기록, 생을 초월해서 흐르고 있는 강력한 패턴인 카르마는 경험의 반복만으로 소멸되는 것은 결코 아닙니다.
수천 년을 인식 없이 반복해오던 패턴을 알아차리고 완전히 다른 관점으로 그것을 볼 수 있을 때 비로소 풀어지게 됩니다.

케오라는 익숙함이 카르마를 유지하게 한다고 합니다. 익숙함은 그것을 보는 눈을 감게 만들기 때문입니다.
깨어나서 인식하면서 하는 경험은 그 패턴을 깨게 되고, 그 경험의 부정적인 에너지를 변형시킬 수 있다고 합니다.

기억의 패턴 속에서 인식 없이 하는 경험은 그 패턴을 유지하게 되고 오히려 그 카르마의 에너지를 더 강하게 만들기도 한다고 합니다.

카르마가 있다는 것은 알겠는데 어디에? 어떻게 풀지? 하는 의문을 한 번쯤은 해보셨을 것입니다. 카르마는 심층의식 속 과거의 기록으로 존재하고 있으며, 정화와 소통의 길 위에 서게 되면 모든 경험이 카르마를 풀어내는 정화의 작업, 세션이 됩니다.
물론 이 모든 작업은 잠재의식의 보호 안에서 이뤄집니다.

어느 날, 지인 한 분이 저에게 이런 하소연을 하셨습니다.
60대 후반인 자신의 남편이 1년째 머리와 수염을 일절 깎지 않고 기르고 있다는 것입니다.
더욱 답답한 것은 그 이유랍니다. 우연히 집안 모임에서 알게 된 어떤 사람이 남편에게, 자신은 욕심 없이 타인을 위해서 기도를 하는 사람인데 당신을 위해서 기도를 해 줄 테니 대신 기도가 완료될 때까지 얼마가 걸리든 일절 수염과 머리카락을 자르지 말라고 하더랍니다.
평소 의심도 많고 깔끔했던 남편이 그 사람 말만 믿고는 1년째 덥수룩한 행색을 하고 있다며 한숨을 쉬셨습니다.
"선생님, 아무래도 기도 한다는 그 사람 사기꾼인 것 같아요. 그런데도 그 사람 말만 믿고 저러고 있으니… 에휴, 행색이 거지꼴이 따로 없습니다."
"제가 느끼기에 기도 하신다는 그분이 사기꾼은 아닌 것 같습니다.
정말 순수한 마음으로 하고 계신 것은 맞는 것 같아요. 사심이나 이기심이 느껴지지 않네요."
"어… 그건 맞아요. 보통은 기도한답시고 많은 돈을 요구하는 경우가 꽤 있다고 하던데, 그 사람은 기도비로 쓰라고 돈을 준다고 해도 한사코 받지 않더랍니다. 남편이 그래도 이건 아니다 싶어서 일전에 30만 원을 보냈는데 다시 돌려주더래요. 한사코 마음만 받겠다고 하더랍니다."

"남편분 성격이 의심 많고 깔끔하다고 하셨죠.

굉장히 똑똑하고 자신의 프라이드가 강한 사람이라는 느낌이 드네요.

자존심도 강하고 고집도 세고 타인에게 보이는 이미지도 중요하게 여기는 사람, 그리고 그 아집으로 자신도 모르게 타인을 낮춰보는 버릇도 있으셨을 것 같아요."

"네. 맞습니다. 세상에서 자신이 제일 잘난 사람이에요."

"그 잘난 사람이 지금 거지꼴로 다니고 있네요.

자신이 낮춰보던 사람들이 지금은 자신을 거지꼴로 보고 있다는 건데… 재미있지만 그 자체가 남편분에게는 큰 정화입니다. 그렇게 그분의 카르마를 풀고 있네요. 기도하신다는 분이 어떤 기도를 하시는지는 모르겠으나 순수한 마음은 분명하고. 남편분의 카르마를 스스로 풀 수 있는 정보를 제공해준 것은 분명한 듯합니다. 옆에서 짜증만 내지 마시고 정화 기간을 잘 넘길 수 있도록 응원해주세요."

그리고 몇 달 후, 이제는 모든 기도가 끝나고 남편이 다시 깔끔하게 이발을 했다며 기쁘게 소식을 전해오셨습니다.

그리고 이발을 한 남편에게 저의 이야기를 전했더니, 예전 같으면 기분 나쁘게 반응했을 사람인데 깊은 한숨을 내쉬면서 자신도 이 1년 6개월 동안 똑같은 생각을 했다고 하더랍니다.

덥수룩한 수염에 위축된 자신을 경험하면서 그동안 얼마나 혼자만 잘난 척 고개 들고 다녔었는지 예전의 자신의 모습을 돌아봤다고 합니다.

그리고 제 이야기가 다시 한번 자신의 그 통찰에 확신을 주는 계기가 됐다고 합니다.

20세기 유명한 예언가인 에드가 케이시가 이렇게 말했다고 합니다.

'이 세상에 일어나는 모든 것들은 윤회에 의한 카르마의 결과물들이다.'

어차피 지금 카르마의 길 위에 서 있다면 적어도 그 카르마를 풀면서 가야 하지 않겠습니까.

어차피 피할 수 없는 카르마의 길 위에 서 있다면 그 길 위에서 자유와 행복을 찾아야 하지 않겠습니까.

정신 놓고 수천 번 반복돼왔던 카르마 쌓기… 저는 더 이상 지겨워서 못하겠습니다.

이생에서 저는 반대로 카르마 풀기 게임을 정화와 소통이라는 판 위에서 새롭게 시작했습니다.

이생에서 저는 카르마 안에서가 아닌, 그 위에서 자유롭게 살기를 선택했습니다.

늘 현명한 조언을 해주는 든든한 케오라와 함께 말입니다.

"고요하고 냉철하게 바라보되 바로잡으려 하지 않는 것,

그것이 카르마를 푸는 열쇠야."

가장 쉬운 길

우리는 늘 선택의 기로에 서게 됩니다. 그 선택 앞에서 깊은 고민에 빠지게 되고 결국 어느 한 방향을 향해 무거운 한 걸음을 내딛게 됩니다. 사실 케오라는 '선택'이라는 것은 우리의 착각이라고 합니다.

만나야 할 인연은 반드시 만나게 돼 있고, 일어나야 하는 일은 반드시 일어나게 돼 있다고 합니다. 내면에서 터져 나와야 하는 감정은 반드시 터져 나오게 된다고 합니다.

결국 우연으로 일어나는 일은 없으며 우리의 현재의식이 고민으로 선택하는 일도 없다는 것입니다.

지금의 선택이 불러오는 그 결과와 경험, 사건들은 알고 보면 아주 오래전부터 세상에 모습을 드러내기 위해 이미 준비됐던 내면의 씨앗이라는 것입니다.

이 순간의 선택이 예정에도 없던 그 무엇을 갑작스럽게 만들어내는 것이 아니고 말입니다.

이렇게 모든 것이 내면의 기억이 만들어내고 있는 에너지의 흐름대로 가는 것이라 하더라도, 현재의식의 입장에서는 그 깊은 흐름을 볼 수가 없으니 여전히 선택이라는 기로에 선 듯한 착각을 할 수밖에 없습니다.

이런 인생의 흐름을 케오라를 통해 충분히 들었음에도, 저 또한 여전히 선택이라는 착각 속에서 고민에 빠지곤 합니다. 그럴 때마다 저는 스스로 이렇게 말합니다.

"가장 쉬운 길, 가장 편한 길, 가장 즐거운 길이 내 길이야."

그렇게 선언하고 나면 무겁고 심각했던 고민에 힘이 빠지게 됩니다. 내 길이 선명하게 드러나는 느낌 속에서 일어나야 하는 일들 또한 혼란스럽지 않게 정리되곤 합니다.

주변을 둘러보면 어렵고 심각하게 사는 사람들이 참 많습니다.
'내가 인생을 너무 쉽게만 사는 것이 아닌가…'라는 생각이 들 정도로 그들은 아주 진지하게 인생을 살아갑니다.
하지만 이내 저는 깨닫습니다. 그들의 모습이 정화와 소통을 하기 전, 지난날의 제 모습이었다는 것을 말입니다.

종종 이런 상담 메일이 옵니다.
"수년을 이런저런 힘든 기도를 하고, 밤낮으로 깊은 명상을 하고, 에너지의 흐름이 뚫리는 신비한 경험을 하기도 하고, 차크라가 열리는 수행을 하는 등등… 그래도 여전히 깨닫지 못하고 있습니다."
그러면 저는 이렇게 말합니다.
"깨닫지 마세요. 기도하다가 인생 다 보내겠네요.
결국 인생 다 살고 나면, 일생 깨달음에 목말랐던 기억밖에 남지 않을 겁니다."
그리고 그들에게 명상하기를 잠깐 멈추고 반복적인 기도에서 벗어나서, 먼저 봄을 즐기고 가을 풍경을 보라고 합니다. 내 주변의 고마운 친구들을 살피고 맛있는 음식을 느껴보라고 합니다.
기도나 명상이 중요하지 않다는 것은 결코 아닙니다.
기도나 명상, 영성의 깨달음 자체가 맹목적인 인생의 목적이 돼버리면 정작 세상에서 누려야 할 수많은 것들을 놓칠 수도 있다는 말입니다.
현실적인 중심을 놓쳐버리고 정신세계에 스스로 갇혀버리면 정작 인생을 보지 못할 수도 있다는 것입니다.
케오라는 이런 말을 종종 합니다.

"세상에서 가장 사소한 부분을 존중할 때 거대한 신을 만나게 될 것이고, 내 모습 중 가장 초라한 부분을 소중하게 바라볼 수 있을 때 잠재의식과 함께하게 될 거야."

몸의 에너지 흐름을 아무리 민감하게 느낀다 한들, 차크라가 여기저기 열린다 한들, 소화기관이 약해서 음식을 제대로 즐기지 못한다면 무슨 소용이 있겠습니까.

밤낮 깊은 명상을 해도 내 감정하나 안아주지 못해 늘 마음이 불편하다면 무슨 소용이 있겠습니까.

알고 보면 깨달음의 길은 정말 쉬운 곳에 있는 것인지도 모릅니다.

우리가 석가모니이기를 포기하고 나만의 행복한 길을 따라갈 때, 예수님처럼 살기를 과감하게 포기하고 나답게 살기를 선언할 때, 나만의 맞춤식 그릇에 딱 어울리는 깨달음의 인생이 펼쳐지게 될지도 모릅니다.

객관적이고 절대적인 깨달음의 경지는 애초에 없는지도 모릅니다. 자신을 위한 인생의 아귀에 딱 들어맞는 조화로운 삶이 그 사람만의 깨달음일지도 모릅니다.

그리고 우리가 아는 부처님이나 예수님도 그들만의 어울리는 옷을 입었을 뿐 절대적인 인간의 기준이 될 필요는 없습니다. 어쩌면 이 세상에는 그들 각자에게 어울리는 인생 속에서 빛나게 살아가는 이미 수많은 깨달은 이가 주변에 존재하고 있을 수도 있습니다.

우리가 평범하다고 놓치는 수많은 사람 속에 말입니다.

내 마음에 들지 않는 일들이 일어날 때도 저는 쉬운 길을 향합니다.

물질을 바꾸려고 하면 힘들고 어렵지만, 내 마음을 바꾸려고 하면 생각보다 쉽습니다.

일어나고 있는 현실과 타협하는 것보다 내 마음과 타협이 더 쉽습니다.

나는 왜 **호오포노포노**가 안 되는 걸까?

내 생각이고, 내 감정이고, 내 기억이니 훨씬 설득하고 타협하기가 수월한 것입니다.

내 생각을 향해 질문을 던져보면서 그것만이 중요하다는 고집을 향해 설득하기도 하고, 내 감정을 밀어내고 싸우는 대신 그럴 수 있다고 그럴 만하다고 위로해주고.

이것 또한 내 기억의 정화과정이니 나에게 아주 좋은 기회가 될 것이라는 진실을 내 마음에게 말해주다 보면, 마음은 어느새 그 일을 더 이상 고통스러워하지 않고 편하게 보고 있습니다.

저는 참 영악하게도 이렇게 늘 쉬운 타협, 이기는 타협만 합니다.

또한 제 잠재의식의 무한한 격려와 사랑도 제가 늘 쉬운 인생을 갈 수 있게끔 도와줍니다.

케오라는 제가 심각한 고민에 빠져있을 때마다 이렇게 격려해주곤 합니다.

"넌 단 한 번도 실수나 잘못된 선택을 한 적이 없었어. 넌 단 한 번도 경솔한 행동이나 말을 한 적이 없었어.

모든 것이 완벽한 정화의 길 위에서 이뤄진 것들이야. 지금도 마찬가지고 말이야."

강의에서 받았던 질문들입니다.

"선생님, 제가 병원에서 검사를 받아보니 비타민D가 부족하다는 거예요. 그래서 열심히 시각화를 하면서 밝은 태양의 비타민D가 내 몸에 쏙쏙 흡수되는 상상을 해주고 있답니다. 그런데 그 후, 다시 재검사를 받아보니 전혀 비타민D 수치가 올라가 있지 않았어요. 우리의 내면은 마음만 먹으면 못하는 게 없잖아요? 그런데 무엇이 잘못돼서 안 되는 것일까요?"

"그냥 비타민D 영양제 사 드세요. 감사한 마음으로 영양제 드세요."

"선생님, 그 사람이 너무 미운데 어떡하죠. 그 사람을 용서하기 위해서 이렇게 저렇게 다 해봐도 소용이 없고, 정화를 하면서도 여전히 미우니 정화도 안 되는 것 같고…… 등등"

"그냥 미워하세요. 모든 사람 다 용서할 필요 없습니다. 모든 사람 다 이해할 필요 없습니다.

미운 감정이 그동안 많이 힘들었겠네요. 미워해도 된다고 말해주세요."

"선생님, 저는 그동안 이런저런 공부와 수행을 해온 이러이러한 사람입니다. 이번에 선생님 워크숍에 참가하게 됐는데 어떤 준비를 해가야 할까요? 명상을 더 한다거나 미용고사를 열심히 하고 가야 한다거나 도움이 되는 준비를 말씀해주세요."

"아무런 준비를 하지 않고 오는 것이 제 강의에 대한 준비입니다.

그저 가을 낙엽이나 실컷 보고 오세요."

어느 날, 뜻대로 되지 않는 일 앞에서 몇 날을 끙끙대다가 바람을 쐴 겸 바다를 찾았습니다.

바다를 향해 인사하고 정화하면서 하소연을 했습니다.

"지금 내가 어떤 상황인지 보이죠? 이 상황을 잘 극복할 수 있도록 힘을 실어주세요. 힘을 낼 수 있게 도와주세요."

"힘을 낼 필요가 없는 게 네 길이야. 힘을 내야 하는 길은 네 길이 아니지.

잘 흘러가고 있는데 너만 엉뚱한 곳을 향해 걸으려고 하는군. 그러니 힘이 필요하지."

"아… 그럼 힘을 어떻게 풀죠? 보다시피 생각이 이렇게 굳어있는걸요."

"그 일에 일어나는 어떤 결과도 네가 손해 볼 것이 없다는 것만 알고 있으면 돼.

너의 그 딱딱한 생각들이 손해에 대한 불안감에서 시작됐으니 말이야."

나는 왜 **호오포노포노**가 안 되는 걸까?

그러고 보니 정말 어떤 상황으로 끝이 나든 제가 손해 볼 것이 없다는 그 말이 맞았습니다. 제 생각에 스스로 묶여 당연한 진실을 놓치고 있었습니다.

그리고 그 인식은 굳어있던 제 생각을 풀어줬고, 제 생각에 붙잡혀 더디게 흘러가던 그 일도 수월하게 마무리됐습니다.

그 후 케오라가 이런 말을 덧붙였습니다.

"네가 힘을 빼면 만물이 너를 이끌게 돼.

네가 아쉬워하지 않으면 그들이 아쉬워서 길을 만들게 돼.

네 마음이 느긋하면 대신 만물이 빠르게 움직이게 돼.

세상이 만들어주는 길을 그저 편하게 따라가."

어느 하루는, 어떤 분이 제 블로그를 통해 어려운 부탁을 해오셨습니다. 현실적으로 쉽지 않은 부탁이라 순간 당황스러웠습니다.

'어떻게 하지. 거절하면 섭섭해 하시겠지? 그렇다고 부탁을 들어주면 다른 분들에게 실례가 될 수도 있어. 내가 어떻게 처신하는 게 가장 좋을까?'

그때 케오라가 이렇게 말했습니다.

"네가 결정하려고 하지 마. 여유를 가지고 정화해.

그러면 그분의 잠재의식이 스스로 알아서 이 문제를 해결해줄 거야."

그리고 정말 거짓말처럼 몇 시간 후, 그분의 마음이 바뀌신 듯 원래 내용을 삭제하고 평범한 안부 내용을 올려주셨습니다.

그 후, 강의에서 다시 그분을 뵙게 됐는데 문득 궁금해서 그때 마음이 바뀐 이유를 물었습니다.

그러자 그냥 마음속에서 굳이 도움을 받지 않아도 잘 해결될 수 있다는 느낌이 들었다고 하셨습니다.

언젠가 자는 딸을 보면서, 앞으로 딸이 어떤 인생을 살아갈지에 대한 걱정을 잔뜩 하고 있었을 때입니다.

'직장은 안정적인 곳에 가야 할 텐데. 좋은 사람들을 만나야 할 텐데. 아프지 말고 행복하게 잘 살아야 할 텐데……'

그 걱정들을 향해 케오라가 저에게 이렇게 말했습니다.

"신은 너에게 그런 숙제를 내준 적이 없는데 혼자 숙제를 만들어서 하고 있군.

인생을 심각한 다큐멘터리로 만들지, 유쾌한 시트콤으로 만들지는 네 마음에 달려있어."

나는 왜 **호오포노포노**가 안 되는 걸까?

정화와 '몸'

정화와 소통을 하면서 꽤 많이 듣는 질문 중에 하나가, 채식과 육식에 관한 갈등입니다.

"선생님, 제가 속한 수련 단체에서는 절대 육식을 하면 안 된다고 합니다. 채식을 해야지만 깨달을 수 있다고 해요. 저는 사실 고기가 좋거든요. 선생님이라면 어떻게 하시겠어요?"

그러면 저는 웃으면서 말씀드립니다.

"저라면 '깨닫지 않아도 좋아~' 라고 말하면서 맛있게 고기를 먹겠습니다."

"육식을 하게 되면 잠재의식이 싫어하지 않을까요?"

"저는 오히려 케오라를 만나면서 더 육식을 하게 됐는걸요. 제 체질을 제대로 알게 됐거든요. 적어도 제 잠재의식은 저에게 채식을 강요하지는 않았습니다.

깨달음에 대해서는 아는 바가 없어서 대답을 못 드리겠지만, 저의 경우 정화와 소통에 채식, 육식은 전혀 중요하지 않았습니다."

"그래도 선생님, 육식을 하게 되면……"

"태어나보니 호랑이고, 태어나보니 토끼인데, 그것을 어찌하겠습니까. 초식동물들만 깨달아야 한다면 본래가 육식동물로 태어난 존재들이 너무 억울하지 않을까요?

사람들 중에는 육식이 건강에 도움이 되는 경우가 있고, 채식이 건강에 도움이 되는 경우가 있고, 양쪽 다 골고루 먹는 것이 도움이 되는 경우도 있을 것입니다.

그리고 내 몸을 제대로 알고 존중하고 사는 것이 제가 생각하는 정화와 소통의 삶입니다. 또한 육식이 깨달음에 방해가 된다 하더라도 괜찮습니다. 적어도 제가 하는 정화와 소통의 삶 속에 깨달음의 경지는 중요하지 않습니다."

실제로 저는 정화와 소통을 하기 시작하면서, 그동안 잘 먹지 않았던 육식을 조금 늘리게 됐습니다.
예전의 저는 소신 있는 채식주의자는 아니었으나 채식 위주의 입맛을 가진 사람이었습니다.
고깃집에 가더라도 채소나 버섯을 더 맛있게 먹었고 일부러 고기를 제 돈 주고 사 먹는 일은 거의 없었습니다. 그런데 그 시절을 돌이켜보면 제 몸은 허약하기 그지없었습니다.
툭하면 감기에 걸려 고생하고, 체력은 어찌나 약한지 버스를 기다리고 서 있는 그 짧은 시간도 힘들어서 주저앉을 때도 있었습니다. 저혈압에 쓰러졌던 적도 있었고요. 의식적으로도 늘 신경이 날카롭고 불안정해서 우울증, 불면증에 시달리기 일쑤였습니다.

정화와 소통을 하게 되면 입맛이나 식성이 변하게 됩니다. 대부분 몸이 예민해졌다고 느끼게 됩니다.
하지만 그것은 몸이 예민해진 것이 아니라 몸이 나에게 말을 걸어오는 것입니다.
오랜 시간 침묵을 지키고 서로 외면하고 살아왔던 몸과 내 의식이 서로 교감하고 소통을 하기 시작한 것입니다. 그것을 우리 의식은 예민해졌다고 느낄 수 있습니다.
"예전에는 맛있게 먹었던 음식인데 이상하게 지금은 그 맛이 안 느껴지네요."
"술을 엄청 잘 마시는 체질이었는데 지금은 술 한 잔만 해도 몸이 하루 종일 너무 힘들어요."

"특정 음식만 먹으면 설사를 하고 배가 아파요. 그래서 못 먹게 됐어요."
정화와 소통을 하시는 분들에게서 많이 듣는 말들입니다.

저 또한 그런 경험을 했습니다. 저는 정화와 소통을 하면서 매운 음식을 일절 못 먹게 됐습니다. 그리고 예전에는 잘 먹던 회와 같은 날것은 비린 맛이 강하게 느껴져서 못 먹게 됐고 술은 어찌나 거부반응이 심한지 입에도 대지 못하게 됐습니다.

반면 고기는 예전보다 맛있게 먹게 됐습니다. 참 신기했던 것은 고기를 먹은 후의 제 몸의 상태였습니다. 체력도 강해졌고 탈모를 의심할 정도로 매일같이 쑥쑥 빠지던 머리카락도 몰라보게 빠지지 않았습니다. 그리고 몸이 좋아지니 의식적인 부분에서도 안정감을 함께 찾아갔던 것 같습니다.

그래서 요즘은 일주일에 한 번 정도는 육류를 챙겨 먹으려고 노력하는 편입니다.

많은 분이, 특히 영성을 공부하고 계신 분이라면 적잖이 이 부분이 불편하게 들릴지도 모르겠습니다. 제 책에서나 수업에서 늘 제가 강조하는 부분이, 저는 영성이나 깨달음에 무지한 사람이라는 것입니다. 영성 분야의 스승이 될 마음도 전혀 없는 사람입니다. 저는 그저 정화와 소통을 할 뿐이고 그렇게 변화시킨 제 인생의 경험담을 기반으로 체계를 잡은 내면의 메시지들을 여러분들과 공유하고 싶을 뿐입니다.

그러니 불편한 선입견 없이 편하게 읽어주시기 바랍니다.

케오라는 이렇게 말합니다.
"몸이 편안해야 내면도 편안해질 수 있어.
몸의 균형이 깨어지게 되면 의식적으로도 불안정할 수밖에 없어.

몸을 혹사하면서 깨달음을 찾으려고 하는 것은 모순이야.

나에게 주어진 몸을 소중히 돌볼 줄 알아야 인생도, 타인도 소중히 볼 수 있어.

채식이 옳다. 육식이 옳다라는 것은 아무런 의미가 없어.

내 몸과 교감하고 소통하면서 내 몸에 맞는 가장 조화로운 상태를 스스로 만들어나가는 것 그것이 중요한 거야. 그것이 잠재의식인 내가 너에게 바라는 거야.

나는 네 의식도 사랑하지만 네 몸도 사랑해. 모두가 다 똑같이 평안하기를 바라."

몸의 침묵은 때때로 무서운 결과를 초래합니다.

내 몸에 맞지 않는 음식을 장기간 먹고 세포가 고통에 몸부림쳐도 내 몸은 묵묵히 침묵을 지킵니다.

내 몸에 치명적인 습관을 가지고 있어도 몸은 조용히 아무 말도 하지 않습니다.

그럴 때 우리는 건강해서 그렇다는, 내가 강해서 그렇다는 착각을 하게 됩니다.

그렇게 시간이 흐르고 더 이상 참을 수 없는 지경에 이르게 된 몸은 모든 것을 포기해버리고 맙니다. 회복할 수 없는 병으로, 또는 회복할 수 없는 정신적 문제로 말입니다.

정화와 소통을 하게 되면 몸이 깨어나서 말을 걸어옵니다.

몸의 말은 '증상'입니다.

나에게 맞지 않는 음식이 들어오면 복통이나 설사 등의 증상으로 말을 합니다.

"나 이거 싫어. 나에게는 이 음식이 맞지 않아."

반대로 나에게 맞는 음식이 들어오면 눈에 띄게 컨디션이 좋아지거나 불편했던 증상이 완화되는 등의 모습으로 보여줍니다.

"나 이거 좋아. 나에게는 이것이 아주 잘 맞아."

정화와 소통을 하면서 몸이 예민해졌다며 투덜거리는 분들에게 저는 이렇게 말씀드립니다.

"몸에게 감사하다고 말해주세요.

침묵하지 않고 이렇게 적극적으로 말해줘서 정말 감사하다고요."

케오라는 건강에 대해서 저에게 많은 선입견을 깨도록 해줬습니다.

대표적인 부분이 비타민에 대한 이야기였습니다. 벌써 9년이나 지난 일이네요.

오래전에 저는 우울증을 앓은 적이 있었습니다. 모든 것이 암울하고 아무것도 할 수 없을 정도로 몸은 힘없이 처져 있고 거기에 불면증까지 와서 고통의 나날들을 보내고 있었습니다.

살고 싶은 의욕이 바닥으로 떨어지고, 그냥 편안할 수 있도록 죽어도 좋을 것 같다는 생각에 사로잡혀 있었습니다. 급기야 가족들이 정신과 진료까지 권하게 됐을 때, 케오라는 저에게 의외의 말을 했습니다.

"정신적인 문제가 아니야. 육체적인 문제야.

몸의 균형이 깨어져서 의식적인 균형도 함께 불안해진 거야.

많은 사람이 정신적인 문제를 심리적인 치료로 해결하려고 하지만 의외로 몸을 치유했을 때 정신적인 부분도 함께 좋아지는 경우가 많아.

비타민을 먹어. 지금은 그중에서도 비타민D를 고함량으로 먹도록 해.

사람들은 아직도 비타민과 미네랄에 대한 중요성을 간과하고들 있어. 그저 활력을 주는 용도, 미용에 도움을 주는 부가적인 용도로만 여기고 있지.

모든 육체적 정신적 질병에 수천 가지의 다른 원인이 언급되지만, 결국 그 출발점은 모두 비타민, 미네랄 부족에서부터야.

지금 내 몸에 부족한 비타민을 알아내는 것이 질병을 치료하고 건강을 유지하는 최고의 방법이야."

하지만 그 당시에만 해도 순수 비타민D 고함량을 구하는 일은 쉽지 않았습니다. 지금에야 비타민 종류별로 고함량이 약국마다 널려있지만, 당시에는 가는 약국마다 고함량의 순수 비타민D 영양제는 없더군요. 그리고 한결같이 약사분들이 왜 굳이 비타민D를 그렇게 먹으려고 하느냐고 의아해했습니다. 그저 칼슘흡수를 돕는 보조일 뿐이라고 말이죠. 다행히 어느 사이트에서 고함량의 비타민D를 구할 수 있었고, 비타민D 복용의 효과는 저에게 놀라울 정도였습니다.
정말 몸에 활력이 생기기 시작했고 피폐해지던 신경들도 다시 생기를 띄는 것 같은 느낌이 들었습니다.

얼마 전에는 케오라가 비타민B를 새롭게 권해줘서 열심히 먹는 중입니다. 재미있었던 것은 제가 비타민B를 구입하려고 할 때,
케오라가 "누군가 지금 너를 위해서 비타민B를 선물하려고 해. 지금 사지 마. 그리고 이렇게 현실로 보여주는 것은 지금 너에게 비타민B가 아주 절실하다는 증거이기도 해" 라고 말했습니다.
그런데 정말 며칠 후 진행한 정화와 소통 워크숍에서 약국을 운영하시는 한 선생님이 느닷없이 비타민B를 저에게 선물로 주셨습니다.

우리 몸에 필요한 하루 권장량이 있으니 굳이 고함량을 살 필요가 있을까…라는 질문에 케오라는, 실제로 영양제를 복용했을 때 흡수되는 양은 소량이라고 했습니다. 그래서 고함량을 먹어야 그나마 겨우 하루 권장량을 채울 수 있다고 했습니다.
그리고 한번 부족해진 비타민을 평생 약으로 복용할 필요는 없다고도

했습니다. 몸이 다시 균형을 잡고 회복하게 되면 자체적으로 비타민을 형성하기도 하고 일상적인 음식으로도 충당된다고 합니다.

건강한 삶에 있어서 중요한 핵심은 몸과의 소통임을 잊지 마세요.
정화와 소통을 하기 시작하면 몸이 깨어나서 나에게 협조하기 시작합니다.
그렇게 되면 자연스럽게 입맛이 변해 나에게 맞는 음식을 찾게 되고 자연스럽게 나에게 맞지 않는 음식이 증상을 일으켜 멀리하게 됩니다. 그리고 내 몸에 맞는 정보들이 선명하게 눈에 띄기도 합니다.
사람들의 몸은 다 다릅니다. 건강식품이라고 다 나에게 맞는 것도 아니고, 케오라가 말한 것처럼 그렇게 중요한 비타민도 종류별로 나에게 부족한 것, 넘치는 것이 다 다릅니다.
그러니 이 세상에 객관적이고 절대적인 사실의 의학정보라는 것은 의미가 없을지도 모릅니다. 내 몸의 의학정보는 내가 알아가야 하는지도 모릅니다.
몸이 아픈데도 병원을 가지 말고 의사 말을 믿지 말라는 것이 아닙니다. 나에게 맞는 치료법, 나에게 맞는 정보를 제공할 병원, 나와 좋은 인연의 의사 선생님을 찾게 되는 것, 이 모든 것이 내 몸과 진정으로 교감할 때, 바로 정화와 소통 속에서 일어날 수 있다는 것입니다.

저도 나이가 더 들고 노화를 경험하면서, 몸에 이런저런 문제가 생겨나겠지요. 하지만 두렵지는 않습니다.
제 몸이 저를 좋아합니다. 많은 말을 저에게 해주고 저는 그것들에 불편해하지 않고 늘 감사합니다. 우리는 이렇게 서로 친하기 때문에 어떤 위기가 찾아왔을 때라도 서로 최선을 다해 협력할 것입니다.

저는 딱히 종교를 모르는 사람입니다만, 저희 어머니는 평생을 독실한 불교 신도로 살아오셨습니다. 어느 날 저에게 방생을 하는 모임이 있으니 함께 가보지 않겠냐고 하셨습니다.

시장에서 물고기를 사서 강에 방생을 한다고 하니 좋은 일이다 싶어 가겠다고 하려는 찰나, 케오라가 저를 막아섰습니다.

"이런 종류의 방생은 인간의 이기심으로 하는 행동이야.

그들은 그들만의 생사의 과정이 있어. 그 흐름을 억지로 막지 마.

너희의 욕심을 위해서 말이야.

강에 물고기를 놔주고는 집에 와서 생선을 먹는 너희 모습을 스스로 봐.

물고기를 방생하는 진짜 이유, 그들의 흐름을 막는 진짜 이유,

내 복을 위해서, 내 공덕을 위해서 욕심으로 하는 이 모순된 행동을 스스로 봐."

내 복을 짓기 위해서 물고기를 방생하는 것보다 내 앞에 주어진 생선을 감사하는 마음으로 먹는 것이 더 복을 짓는 것이 아닌가 하는 생각이 들었습니다.

저희 어머니는 지은 지 며칠이나 지나서 노래지고 딱딱해진 밥도 아깝다며 곧잘 드십니다.

그래놓고는 늘 위가 탈이 나서 병원에 다니시죠.

어느 날도 딱딱해진 오래된 밥을 드시려고 하더군요.

"음식을 버리면 벌 받아. 그러니 먹어야지"

"엄마 위장에 버리는 건 괜찮을까?

내 몸을 쓰레기통 취급하는 것이 더 큰 벌이 아닐까?"

슬픔에 빠진 이들에게

살다 보면 내 안에 슬픔이 가득 차오를 때가 있습니다.

최근에도 깊은 슬픔 속에서 힘들어하시는 분들의 사연을 유독 많이 접하게 됐습니다.

처한 상황은 다들 다르지만 제가 느끼는 그분들의 슬픔은 한결같이 깊었습니다.

친자식 같은 마음으로 긴 세월 함께 했던 반려동물의 죽음을 맞이한 사람, 사랑하는 가족이나 친구를 죽음으로 떠나보낸 사람, 절절하게 사랑했던 연인과 이별을 한 사람, 건강이나 물질적인 고통으로 서글픔을 느끼고 있는 사람, 내 뜻대로 풀리지 않는 인간관계의 갈등에 매어 있는 사람…… 등등

슬픔에 빠진 사람들의 사연을 접할 때마다 그들이 저에게 바라는 것은 늘 같았습니다. 이 지독한 슬픔에서 빠져나가게 해달라고 저에게 애절하게 부탁한다는 것입니다. 사실 안타깝지만 저에게는 그럴 능력이 없습니다.

슬픔은 자연스러운 감정입니다.

살면서 한 번도 슬퍼할 상황을 겪지 않고 일생을 마치는 사람은 결코 없습니다. 결국은 물질 세상의 한평생에 있어, 슬픔이라는 감정 또 슬픔을 만들어 낼 만한 상황은 아주 자연스러운 일부분이라는 것입니다.

그것을 궁극적으로 피할 수 있는 방법은 없습니다.

그리고 뇌 기능에 문제가 생기지 않는 이상, 슬퍼해야 할 일에 슬픈 감

정을 느끼는 것은 아주 정상적인 현상입니다.

자연스러운 감정을 부자연스럽게 인식하고, 당연히 일어나야 하는 감정을 억지로 제어하려고 하는 시도가 사실은 그 감정에 부정적인 에너지를 덧씌우는 결과가 됩니다.

정작 슬픔이라는 감정은 계절이 저절로 흘러가듯이, 어느 날은 비가 오고 또 어느 날은 해가 뜨듯이 그저 자연스럽고 아름다운 에너지의 흐름일 뿐인데 그것을 막을 수 있다고 생각하는 것부터가 갈등을 심화시키게 되는 것입니다.

슬픔 자체는 자연스러운 감정입니다.
다만 이 슬픔이 내 인생을 흔들고 '나'라는 사람을 무너뜨리는 것은 아주 부자연스러운 일입니다.
슬픔이 '나'라는 사람의 정체성에 영향을 주고, 상관없는 주변 사람까지 오해하고 원망하게 만들고, 소중하게 만들어온 내 일상에 타격을 입히는 일은 아주 부자연스러운 일입니다.
슬픔은 결코 나를 파괴하고 내 인생을 무너뜨리려고 나온 존재가 아님에도 불구하고 실은 우리가 그 '슬픔'을 손에 쥐고 내 몸을 찌르고 내 인생을 공격하는 것입니다.
마치 자해하듯이, 슬픔이라는 감정을 놓고 벗어나려고 애쓰면서 나를 공격하고, 슬픔이라는 감정을 이용해 정작 슬픔과는 애초에 상관없었던 불안, 두려움, 분노라는 다른 감정들까지 끌어들여서 내 인생과 싸움을 합니다.

그냥 지나가면 그뿐인 것을 우리는 그것을 가지고 종종 전쟁을 선포하

나는 왜 **호오포노포노**가 안 되는 걸까?

기도 합니다.

슬픔을 두려워하지 마세요. 그냥 슬퍼해야 할 시기입니다.
하늘에서 쏟아지는 거센 빗방울을 내 힘으로 멈출 수 없듯이, 내 마음 속에서 흐르는 슬픔이라는 굵은 빗물을 내 의식적인 힘으로 멈출 수는 없습니다.

하지만 이것은 기억하세요.
슬픔은 그저 슬픔일 뿐입니다. 감당할 수 없을 만큼 큰 슬픔이 밀려와도 내 인생과 나는 그대로입니다.
슬픔 옆에는 여전히 건재한 내 인생이 있고, 여전히 사랑스러운 수많은 인연이 있고, 여전히 감사해야 할 수많은 세상의 것들이 있음을 기억하세요.
그저 잠시 소중한 그것들을 옆에 두고 슬픔의 방으로 들어감을 스스로 허용한 것일 뿐입니다.
내가 슬프다고 멀쩡한 내 인생을 원망하면서 함께 무너뜨리지는 마세요.
내가 슬프다고 사랑스러운 존재들을 엮어서 함께 무너뜨리지는 마세요.
나는 그저 잠시 슬픔 속에 들어가기를 스스로 선택했을 뿐입니다.
이것도 소중한 인생의 한편이기 때문에 그것에 충실하기를 선택했을 뿐입니다.

슬픔의 방에 갇혀 마음껏 아파하고 울고 소리 지르면서도 나는 압니다.
그 방을 나와서 돌아갈 내 세상이 있다는 것을 말입니다.
이 슬픔이 너무나 큰 것처럼 느껴져도 나는 압니다.
이것이 지나갔을 때 나는 다시 건재한 내 인생을 살아갈 것이며 나는 여전히 빛나리라는 것을 말입니다.

그럴 때 슬픔에 더 이상 두려움 불안 다른 부정적인 생각들이 무게를 더하지 않습니다.

그럴 때 말 그대로 순수한 슬픔만 그대로 머물다가 흘러가게 됩니다.

아무런 두려움 없이 자책 없이 마음 놓고 슬퍼할 수 있을 때, 슬픔은 더 이상 오염되지 않습니다. 오히려 그 순수한 감정의 흐름이 내 인생의 아름다운 한편을 장식하게 됩니다.

그리고 정화와 소통을 꾸준히 하게 되면, 어떤 격렬한 감정이 몰아쳐도 그 옆에 내면 깊은 곳의 고요함이 함께 존재함을 인식할 수 있게 됩니다.

화가 나서 소리쳐도, 슬퍼서 울부짖어도, 두려움에 심장이 쪼그라들어도, 참 신기하게도 이것만이 다가 아님을 인식할 수 있게 됩니다.

거세고 시끄러운 감정과 생각들 너머에 강하고 순수하며 결코 꺼지지 않는 잠재의식의 빛이 고요하게 나를 바라보고 있음을 느끼게 됩니다.

그 순간 잠재의식은 우리에게 이렇게 말하고 있을 것입니다.

"실컷 울고 다시 나에게 와. 실컷 화내고 다시 나에게 와.

내가 다시 너를 치유하고 일으켜 줄 테니 걱정 말고 모든 감정에 충실해."

스승을 찾아서

이 세상에는 참 많은 스승이 존재합니다.

조금만 검색을 해보면 수많은 깨달은 사람들이 존재하고 그들이 이끄는 단체가 비일비재하며 이 세상을 멋지게 사는 방법이나 진리를 깨닫는 것에 대한 수많은 정보가 넘쳐납니다.

사는 것이 너무나 힘들고 막막했던 시절, 저 또한 인생에 도움이 될 만한 수많은 정보를 찾았었고 깨달은 사람들의 도움을 받고자 그들을 쫓아다녔습니다.

그 와중에 특별한 능력이 있는 몇몇 사람들을 만날 수 있었으나, 기대에 가득 찬 시작과는 달리 내 인생에는 큰 변화가 일어나지 않았습니다. 그들이 내 인생을 바꿔줄 수 있을 거라는 기대는 늘 실망으로 바뀌었고, 외부를 향한 의존성이 깊어질수록 좌절감과 불안감은 더 크게 느껴졌습니다.

이런 방황은, 정화와 소통을 하기 시작하고 저의 잠재의식인 케오라를 만나면서 비로소 끝나게 됐습니다.

정화와 소통을 하면서 저에게 도움을 요청하는 많은 사람 중에는 이와 비슷한 경우가 아주 많습니다.

그럴싸한 단체에 속해 있다가 금전적인 갈등, 인간관계의 갈등으로 마음이 상해서 나오게 되거나, 믿고 의지했던 스승에게 실망을 느끼고 다시 깊은 좌절 속에 빠져버리는 등의 일들 말입니다.

그리고 그중에는 권위 있는 사람으로부터 부정적인 암시를 받아서 오히려 예전보다 더 큰 불안감과 고통에 시달리는 사람들도 많았습니다.

참 아이러니하게도 이런 기대와 실망을 반복하면서도 그들은 여전히 더 멋진 정보를 찾아내려고 애쓰고, 자신의 인생을 이끌어줄 대단한 스승을 애타게 찾아 나섭니다.

이미 외부를 향한 의존성이 단단한 패턴을 만들어내고 있는 것입니다. 물론 자신의 의존성을 인정하는 사람은 드뭅니다. 그것은 이미 진리탐구와 성장을 위한 것이라는 그럴싸한 이유로 잘 포장돼있기 때문입니다. 하지만 그동안 얼마나 많은 정보를 찾아서 헤맸는지, 또 얼마나 많은 사람에게 현혹됐는지를 조금만 돌아본다면 금방 내 안의 의존성을 알아차릴 것입니다.

케오라는 스스로 모든 것을 깨달았다고 말하는 사람을 가장 경계하라고 합니다. 그리고 타인의 인생을 자기가 바꿔줄 수 있다고 말하는 사람을 멀리하라고 합니다.

또한 저에게도 사람들 앞에 서서 스승이 됐다는 착각을 하지 말라고 합니다. 저는 그들 앞에 스승이 아니라고 강조합니다.

네가 그들의 스승이 되는 것이 아니라, 그들 모두가 스승의 능력이 있음을 말해주면 그뿐이라고 합니다. 또한 네가 그들의 인생을 바꿔주는 것이 아니라 그들 안에 자신의 인생을 바꿀 수 있는 능력이 있다는 것을 말해주기만 하면 된다고 합니다.

그래서 저는 늘 가볍습니다. 스승의 무게를 느낄 필요가 없으니 말입니다.

누군가는 저에게 이렇게 말할지도 모릅니다.

"당신도 결국은 '케오라'라는 당신의 잠재의식에 의존하면서 사는 것 아닌가요?"

우리의 현재의식은 늘 무엇인가에 의존하게 돼 있습니다.

보이는 상황에, 사랑하는 사람에게, 물질적인 부분에, 영적인 가르침이나 스승에게, 외부가 아니더라도 내부의 무엇인가에 의존합니다.

내 안의 기억에, 정보에, 감정과 생각에, 그동안의 경험이 만들어낸 데이터 등에 말입니다.

그러면서 현재의식은 스스로 아주 독립적이라고 착각합니다.

그렇게 본다면 저 또한 의존하는 것이 맞습니다.

다만 저는 외부에 의존하기를 멈췄습니다. 수많은 시간 동안 외부에 의존해왔으나 늘 그 끝은 좌절이었기에 스스로 이 과정이 너무나 지겨워서 멈췄습니다.

외부의 누군가를 크게 바라볼수록 저 자신은 점점 작아지고, 누군가의 말과 행동에 제 인생 전체가 흔들리기 일쑤였던 제 삶에 큰 회의가 느껴져서 멈췄습니다.

그리고 또한 저는 내부의 심층의식 속에 존재하고 있는 기억들, 카르마, 그럴싸한 생각과 감정들에 의존하는 것 또한 멈추기로 했습니다.

그 의존은 제 인생에 늘 똑같은 반복을 만든다는 것을 이제는 알아차렸기 때문입니다.

그래서 저는 외부를 넘어, 내면의 기억을 넘어, 내 안의 깊고 깊은 내부의 에너지에 더욱더 가까이 다가가면서 그곳에 의존하기로 마음먹었습니다.

이랬다가 저랬다가… 변화무쌍한 외부가 아닌 그리고 기억이 만든 카르마가 아닌, 절대 변하지 않는 중심을 잡아줄 나의 내부의 고요함에 의존하기로 마음먹었습니다.

잠재의식에 의존하는 것은 고요함에 의존하는 것입니다.
나의 내면에서 가장 깊고 순수한 에너지인 잠재의식에 의존하는 것은
인생의 흐름 그 자체에 의존하는 것입니다.
그리고 그것은 곧 의존이 아니라 존중으로 바뀌게 됩니다.
외부에 의존하던 것을 존중으로 바꾸게 하고, 기억에 의존하던 것을 기
억을 존중하게 하고, 그토록 미워하던 수많은 나의 모습을 잠재의식의
에너지 속에서 존중하게 되고, 마음에 들지 않는 경험들로 가득 차 있
던 우여곡절 많은 내 인생을 존중하게 됩니다.
고요함에 의존하게 되면 이처럼 모든 것이 저절로 존중으로 바뀌게 됩
니다.

저 또한 사실 존경하는 외부의 스승들이 있습니다.
저에게 호오포노포노의 중심을 잡게 해준 휴 렌 박사님, 그리고 케오라
가 추천했던 최면기술을 저에게 가르쳐주신 문동규 원장님, 그리고 평
소 많은 책을 읽을 필요는 없다고 강조하던 케오라가 유독 추천해주었
던 책《지금 이 순간을 살아라》의 저자인 에크하르트 톨레…
그분들을 존경하고 늘 본받기 위해 노력하지만, 의존이 아님을 저는 잘
압니다.
제 중심에는 늘 케오라가 서 있다는 것을 확실히 인식하기 때문입니다.
그리고 존중에는 대가가 따르지 않으나 의존에는 반드시 대가가 따르
게 됩니다.
필요 이상의 금전적인 대가나 정신적인 충성 또는 많은 규정과 제약들
에 대한 강요 등이 그 대가로 따르게 됩니다.
저는 제가 존경하는 분들에게 항상 많은 도움을 받고 있으나 늘 자유롭

　　　　　　　　　　　　　나는 왜 **호오포노포노**가 안 되는 걸까?

습니다.

그리고 저는 케오라를 제 인생의 진짜 참 스승이라고 표현합니다.
케오라가 타인의 인생에 스승은 아니지만, 제 인생에는 변함없는 중심
을 잡아주며 늘 제가 현명하고 지혜롭게 갈 수 있도록 인도해주니 말입
니다.
하지만 케오라는 오히려 주변에 자신보다 더 멋진 존재들이 많다고 말
합니다.
그들은 화려하지 않고 돋보이지 않으며 늘 겸손하고 고요하다고 말합
니다.
그래서 시끄러운 심층의식(기억)으로 보면 그들이 가려져서 보이지 않
으나, 고요한 시선으로 주변을 보면 금방 발견할 수 있다고 합니다.
그들의 겸손함과 고요함 속에는 케오라가 반할 만한, 크고 순수한 에너
지가 나온다고도 합니다.
여러분의 주변에도 수많은 스승이 존재할 수 있습니다.
화려한 것에, 대단한 것에 머물러있던 시선을 조금만 돌려본다면 생각
보다 쉽게 그들을 발견할 수도 있을 것입니다.
그는 지금 내 옆에서 따뜻한 미소를 짓고 있는 오랜 친구일 수도 있고,
매일같이 보면서도 발견하지 못하고 살아왔던 내 가족 중 한 사람일 수
도 있고, 무심코 인사만 하고 지나쳤던 그 누군가일 수도 있습니다.

그리고 저와 여러분 또한 그 사람일 수 있습니다.
우리는 종종 깨달음 속에 있고, 종종 도인의 자리에 있으며, 종종 순수
한 영감 그 자체로 존재하기도 합니다.
심층의식이라는 기억의 덩어리와 잠재의식이라는 순수한 에너지 사이
를 자신도 모르게 왔다 갔다 반복하고 있습니다.

그 반복을 인식하게 될 때 우리는 그 비율을 조절해나갈 수 있게 됩니다. 순수함 속에, 고요함 속에, 잠재의식의 에너지 속에 존재하는 시간을 늘려나갈 수 있게 됩니다.

그러면서 우리 스스로가 자신의 인생에 진짜 스승의 모습을 찾아가게 됩니다.

흔들림 없는 그 중심은 나를 교만하게 만드는 것이 아니라, 세상을 존중할 수 있게 만들어 줍니다.

그리고 기억과 영감을 왔다 갔다 하는 불완전한 내 모습까지도 흐뭇하게 바라볼 수 있게 해줍니다.

그것이 바로 진짜 스승의 시선입니다.

검증받고 싶어 하는 제안의 욕구가 케오라에게 언젠가 이런 질문을 했습니다.

"그동안 정화와 소통도 열심히 하고, 강의도 잘 해왔는데 그만큼 또 성장을 많이 했겠지?"

그러자 케오라는 저를 향해 이렇게 물었습니다.

"가장 미운 사람에게서 감사함을 찾을 수 있겠니?

네 눈에 가장 모자라 보이는 그 사람에게서 너보다 더 나은 부분을 볼 수 있겠니?"

이렇게 케오라는, 강의하는 또는 열심히 미용고사를 하는 저의 겉모습 너머 저 자신도 미처 보지 못했던 민낯을 다시 한번 볼 수 있도록 해줬습니다.

케오라의 한마디는 용서할 수 없을 것 같던 사람도 단번에 용서할 수 있도록 만들어주고, 절대 인정하고 싶지 않은 저의 단점도 자책 없이 너그럽게 바라볼 수 있도록 만들어줍니다.

나는 왜 **호오포노포노**가 안 되는 걸까?

그리고 정말 멋진 점은, 저 자신을 늘 이끌어주는 그 대단한 케오라가 바로 '저'라는 사실입니다.

여러분들도 너무 먼 곳에서 스승을 찾지 마세요. 최고의 스승이 이미 여러분 안에 있다는 것을 먼저 인정하세요.

또한 침묵하고 있는, 조용하고도 아름다운 스승들이 주변에 생각보다 너무나 많다는 것도 인식하시기 바랍니다.

내 안의 스승은, 주변의 수많은 고요한 스승들은, 보기에 화려하지 않을지도 모릅니다. 거창한 말로 진리를 이야기하고 있지 않을지도 모릅니다.

하지만 그들의 따뜻한 에너지는 함께 하는 것만으로도 우리의 깊은 상처를 위로하고 외로운 인생의 길을 따뜻하게 채워줄 것입니다.

알고 보면 스승은 늘 나와 함께 하고 있었는데, 다만 우리가 그들을 못 보고 지나쳤을 뿐이었습니다.

'정화가 가장 쉬웠어요.'

호오포노포노, 정화와 소통⋯ 추상적이고 멀게만 느껴지시나요.
아직도 많은 분이 저에게 질문합니다.
"선생님 제가 정화를 제대로 하고 있는 것인지 모르겠어요."
"소통은 여전히 너무 어렵네요. 전 안 될 것 같아요."

정화와 소통은 존중입니다.
매 순간을 정성스럽게 느끼고 맞이하는 것이 정화이고 소통입니다.

"선생님 저는 누군가가 너무 밉습니다. 절대로 존중도 사랑도 하고 싶지 않아요. 그럼 저는 정화에 실패한 것인가요?"
"아닙니다. 그 사람을 미워하고 있는 내 마음을 존중하고 이해해주세요. 미워해도 괜찮다고 말해주세요. 그것이 정화이고 소통입니다."
"선생님 저는 오늘 누군가에게 실컷 화를 냈답니다. 오늘 하루는 정화고 소통이고 다 엉망이 됐어요."
"엉망인 하루는 없습니다. 화를 냈던 내 모습을 존중해주세요. 화를 냈던 내 마음까지도 이해하고 괜찮다고 해주세요. 그것이 정화이고 소통입니다."

저의 가장 큰 장점은, 남들이 어렵다고 말하는 정화와 소통을 아주 쉽게 하고 있다는 것입니다.
아마 저에게 장시간 앉아서 명상하거나, 매일 어려운 기도나 수행을 하라고 했다면 저는 진작 포기했을 것입니다. 제가 정화와 소통을 이렇게 오랜 시간 꾸준히 할 수 있었던 것은 너무나 쉬웠기 때문입니다.
저에게 정화와 소통은 너무나 간단하고 쉬운 일상이었기에 긴 세월 하루도 빠지지 않고 할 수 있었습니다.

미용고사를 하고 자신을 관찰하는 것이 정화와 소통의 큰 부분이라는 걸 제 책을 통해서, 또는 '정화와 소통 워크숍'을 통해서 많은 분이 알고 있을 것입니다.
그 외에도 정화와 소통은 다양한 모습으로 할 수 있습니다.
제 하루 중 정화의 시간을 몇 가지 살펴볼까요.

아침에 눈을 뜨고 정신이 완전히 깨어나기도 전에 지난밤의 달콤했던 휴식을 향해 감사부터 합니다.
"케오라 잘 쉴 수 있게 해줘서 고마워. 덕분에 푹 잤네. 정말 고마워. 이렇게 편한 잠자리에서 쉴 수 있어서 행복해. 인생아 정말 고마워."
그렇게 시작된 하루의 색은 이미 밝은 빛으로 가득합니다. 너무나 소중한 오늘의 이 하루를 경이롭게 맞이할 준비가 이미 온몸으로 돼 있습니다.

그리고 모닝커피를 행복하게 탑니다. 제가 정말 좋아하는 커피 마시는 시간입니다.
한 모금, 한 모금 천천히 그 향과 맛을 느끼면서 마실 때 정화와 소통의 에너지는 깊어집니다.
내가 좋아하는 차를 마실 수 있는 이 시간을 온전히 느낄 때, 그 순간의 가장 순수한 에너지와 저는 깊게 교감합니다.

식사할 때도 마찬가지입니다. 하나하나 에너지가 가득한 음식을 입에 넣고 그 맛을 느껴보세요. 이렇게 배고플 때 밥을 먹을 수 있는 상황에 대해 진심으로 감탄해보세요. 이 지구 상에는 아직도 배고픔의 고통에 시달리는 인구가 너무나 많습니다.

든든하게 밥을 먹었으니 열심히 청소를 하기도 합니다.
밥을 먹고 하는 청소는 적당한 운동도 되니 일석이조입니다. 내가 안락하게 머무는 이곳을 깨끗이 청소할 때마다 마치 내 마음의 먼지를 쓸어내리는 것처럼 느껴집니다.
그래서 청소를 하고 나면 지치는 것이 아니라 몸과 마음이 개운하고 시원해짐을 느낍니다.

강의를 위해 사람들의 명단을 정리하고 교재와 명찰 등을 준비하는 시간도 저에게는 소중한 정화의 시간입니다.
한 분 한 분, 저에게 너무나 소중한 인연들에게 갈 것들이니 그것을 만드는 제 마음에도 저절로 진심이 가득 찹니다. 이것을 가져가시는 모든 분에게 지금의 이 따뜻한 에너지가 닿을 수 있기를 기분 좋게 기대하면서, 하나하나 정성스럽게 준비합니다.

길었던 하루의 일과를 마치고 잠자리에 들 때, 저는 놀이터에 놀러 가는 어린아이처럼 신이 납니다.
포근한 이불 속으로 들어가 꼼지락거리며 휴식을 취할 수 있음에 들뜨고 잠들기 전에 늘 제가 하는 습관인 '즐거운 상상' 속에 들어가 놀 것을 생각하니 들뜹니다.
그날 하루 얼마나 고달팠는지, 얼마나 치열했는지, 얼마나 많이 시달렸는지는 그 순간 전혀 중요하지 않습니다.
다음날 어떤 일을 해야 하는지, 내가 해결해야 할 묵직한 고민이 있는지 없는지는 그 순간 전혀 중요하지 않습니다.

나는 왜 호오포노포노가 안 되는 걸까?

하루를 마무리하는 잠자리는 그저 쉬는 곳이고 그저 자유롭게 즐길 수 있는 나만의 공간일 뿐입니다.

내가 현실에서 어떤 평가를 당하든 내 상상 속에서 난 늘 최고로 행복하고 즐겁습니다.

스위스의 알프스 산을 오르기도 하고, 낮에 TV로 봤던 유럽의 한 레스토랑에서 멋진 식사를 즐기기도 하면서 그렇게 미소가 가득한 채로 하루를 마무리합니다.

그리고 그 긍정적인 에너지는 제 의식이 잠을 향해 느슨하게 힘을 풀 때, 저의 내면으로 깊이 들어갈 것입니다. 그리고 내면 깊이 흡수된 그 긍정적인 에너지는 곧 제 인생의 한 모습으로 세상에 드러나게 될 것입니다.

잠이 드는 순간과 잠에서 깨어나는 순간은 아주 특별한 의미가 있는 시간입니다.

그 순간에는 내면의 문이 활짝 열려있어서 현재의식이 하고 있는 생각과 감정상태가 고스란히 내면에 흡수됩니다. 그뿐만 아니라 그 시간에 듣게 되는 암시 또한 필터 없이 대부분 내면으로 들어가게 됩니다. 그래서 제가 쓴 책 중《내 아이를 위한 정화》에서 아이들을 재울 때, 그리고 아이들을 깨울 때 특히 좋은 암시를 많이 해줘야 한다고 강조했습니다. 또한 제가 워크숍 중에도 특히 이 시간을 강조하는 것이, 잠들 때마다 고민과 걱정을 안고 자는 사람은 인생 전반에 걱정이 깔려있을 수밖에 없다는 것입니다. 또한 아침마다 피곤함과 짜증으로 지친 하루를 시작하는 사람은 만성피로를 달고 살 수밖에 없습니다. 매일같이 활짝 열린 내면의 문으로 걱정과 피로를 계속해서 넣어왔으니 말입니다.

저는 이 소중한 시간을 최고의 정화 시간으로 활용하고 있습니다.

그날 하루의 모든 피로와 원망, 부정적인 경험과 에너지들을 씻어내는 시간으로 쓰고 있습니다. 바로 '즐거운 상상'을 통해서 말입니다.

그날 하루 현실이 어떻게 흘러갔든 상상 속에서는 전혀 상관이 없습니다. 그저 가장 깨끗하고 가장 신선한 물로 씻어내기만 하면 됩니다. 그저 가장 즐겁고 나를 미소 짓게 만드는 행복한 상상으로 그날 하루의 지친 에너지를 씻어내기만 하면 됩니다.

저에게 하루를 마무리하는 그 시간은 최고의 정화 시간이며 치유와 힐링의 시간입니다. 그리고 그 습관으로 인해 피로가 장기적으로 쌓이는 것도 피할 수 있을 뿐 아니라, 새롭게 입력될 부정적인 카르마 또한 미리 정화할 수 있게 됩니다.

참 별거 아닌 것 같은 그 작은 습관이 알고 보면 엄청난 원리로 내 인생에 유리하게 작용하고 있는 것입니다.

우리의 뇌는 현실과 상상을 구분하지 못한다는 것은 다들 들은 바가 있을 것입니다.

그날 하루 뜻대로 일이 풀리지 않았다고 해서 꼬임을 내면에 넣지는 마세요.

내면에 담아둔 그 꼬임의 에너지는 더 큰 꼬이는 일을 가져오게 될 것입니다.

그날 하루 뜻대로 일이 풀리지 않았다면 그날 하루의 마지막을 자유로운 상상과 함께하세요.

우리의 내면은 그 자유로운 에너지를 사실로 받아들일 것입니다.

그렇게 내면에 담아둔 자유로운 에너지가 그 꼬인 일을 저절로 풀어낼 것입니다.

정화의 기본인 미용고사 외에도 나만의 정화방식이나 정화의 시간을 얼마든지 만들 수도 있습니다.

제가 커피를 마시며 정화를 하고, 잠들기 전 즐거운 상상을 하면서 나만의 정화 시간을 가지듯이 말입니다.

청소하면서 정화를 한다는 사람도 있고, 또 어떤 사람은 깨끗이 자신의 몸을 씻는 샤워시간이 정화의 시간이라고 말하는 사람도 있습니다.

제 지인 중 한 명은 양치하면서 자신의 얼굴을 찬찬히 거울로 보는 시간이 자신만의 정화와 소통의 시간이라고 했습니다.

정화와 소통을 하고 있는 여러분들 또한 미용고사를 일상화함과 동시에 자신만의 힐링 시간, 정화와 소통의 시간을 만들어보시기 바랍니다.

그것은 꽃구경이 될 수도 있고 조용한 도서관에서 책을 보는 시간이 될 수도 있을 것입니다.

사람들을 만날 때 또한 그들을 진지하게 바라보세요.

내 머릿속의 생각이 아니라 가장 순수하고 고요하게 그들을 바라보세요.

따뜻한 미소, 현명한 눈빛, 야무진 입술을 가진 그들.

또는 심술 많은 아이 같은 표정, 욕심 가득한 모습의 그들.

또는 슬프고 지친 눈빛, 축 처진 어깨를 하고 있는 그들…

생각과 감정에서 벗어나 누군가를 보게 되면 매일같이 보던 사람은 없다는 것을 알게 될 것입니다. 늘 새로운 사람만 있을 뿐입니다.

그렇게 매일같이 보던 사람을 새롭게 볼 수 있는 것, 의미 없이 지나치는 사람을 향해 진심 어린 미용고사를 마음으로 되뇔 수 있는 것, 그것이 정화이고 소통입니다.

내가 지금 하는 일, 수많은 갈등과 의무감과 책임감에 무겁다 하더라도 지금 그 일이 나에게 가장 완벽한 최선임을 알고 하세요.

지금 그 일이 나의 궁극적인 인생의 목적에 완벽한 한발, 한 방향임을 충분히 인정하고 하세요.

내가 해야 하는 그 일을 의무감이 아니라 내가 자발적으로 움직여서 할 때, 그리고 하찮고 사소하게 보이는 그 일도 내 인생의 중요한 부분임을 알고 귀하게 대할 때, 그 순간 정화와 소통의 에너지는 일어나게 됩니다.

얼마 전, 규모가 제법 큰 부동산 중개업 회사에서 공인중개사 일을 하고 있다는 분을 만나게 됐습니다. 한눈에 봐도 영업이 몸에 밴 듯 밝은 미소와 싹싹한 말투의 사람이었습니다.

그런데 저는 그 밝은 미소 뒤에 어둡고 지친, 차가운 에너지가 강하게 느껴졌습니다. 그것은 마치 햇빛을 전혀 받지 못해 시들어가고 있는 차가운 식물처럼 느껴졌습니다.

"혹시 지금 사시는 집에 햇빛이 들어오지 않나요?"

"네? 네! 지금 사는 원룸에 이사한 지 1년이 돼가는데 북향이라 하루 종일 햇빛이 전혀 들어오지 않습니다."

"사람도 식물과 같아서 햇빛을 받은 공간에서 쉬어야 합니다. 본인이 부동산 중개업을 하고 있으니 햇빛이 잘 드는 집을 다시 알아보는 것이 좋을 것 같아요."

"아… 일리가 있네요. 이사 온 후, 1년 동안 불면증과 무기력함에 시달리고 몸도 계속 아팠거든요. 이렇게 중요한 말씀을 해주시다니 감사합니다. 당장 집을 옮기도록 해야겠습니다. 그리고 선생님 실례가 안 된다면 혹시 저에게 조언 한마디 더 해주시면 안 되겠습니까?"

그분은 호오포노포노나 정화와 소통에 대해서는 전혀 아는 바가 없는 분이었기 때문에 이렇게 말씀을 드렸습니다.

"당장 중요해 보이고 당장 나에게 득이 되는 일만 찾아서 하면 장기적으로는 큰 실속이 없을 것입니다. 귀찮은 것을 싫어하는 성향이 강하게 느껴집니다만, 남들이 보지 않는 하찮고 귀찮은 일을 정성스럽게 할 때 성공하실 수 있을 겁니다."

"아… 세상에. 사실은 오늘, 얼마 전 매매를 완료한 건물 주인에게 전화가 와서는 매매 전단지가 붙었던 스티커 자국을 지워달라고 하는 겁니다. 열심히 일해서 전 층의 임대를 다 성사시켜줬는데 그런 하찮은 일까지 시키니 화도 나고 귀찮아서 안 할 참이었습니다.

그런데 선생님의 말씀을 들으니 제 마음을 들킨 것 같네요.

당장 가서 스티커 자국을 제거해야겠습니다. 그리고 앞으로는 건물주인이 먼저 말하기 전에 제가 알아서 할 겁니다. 전혀 귀찮게 느껴지지 않을 것 같아요."

길을 걸을 때, 시원한 바람을 놓치지 않고 느끼는 것,
비가 내릴 때 그 비의 촉촉한 공기를 놓치지 않고 느끼는 것,
하루의 해가 뜨고 해가 짐을 놓치지 않고 느끼는 것,
그렇게 시간의 흐름을, 계절의 변화를 온전히 느끼는 것,
이것이 정화와 소통입니다.

뭔가 거창한 것이 있을 것 같지만 전혀 아닙니다.
아름다운 자연을 보면서 아름답다고 말하는 것이 정화이며,
고마운 사람에게 고맙다고 말하는 것이 정화입니다.
맛있는 음식을 먹으면서 맛있다고 말하는 것이 정화이며,
주어진 시간을 조금만 더 정성스럽게 대하는 것이 정화입니다.

좀 모자란 부분이 있어도 스스로 괜찮다고 말해주는 것이 소통이며,
대견한 부분이 있으면 잘했다고 스스로 칭찬 한마디 해주는 것이 소통입니다.
남들 신경 쓸 시간에 자신의 마음을 먼저 살피는 것이 소통이며,
눈앞에 일어나는 모든 것을 조금만 더 정성스럽게 대하는 것이 소통입니다.

언젠가 이런 질문을 받은 적이 있습니다.

"선생님 저는 저 자신을 사랑하고 싶은데, 어떻게 사랑해야 할지 모르겠어요."

"쉽게 하면 됩니다.

이것저것 참 마음에 들지 않는 내 모습이지만 '그래도 나는 네가 참 좋아.'

세월의 흔적이 고스란히 주름으로 묻어있는 내 얼굴이지만 '그래도 나는 내 얼굴이 참 좋다.'

뜻대로 돌아가지 않았던 하루였지만 '그래도 나는 내 인생이 좋다.'

그냥 이렇게 말하세요. 그게 저 자신을 사랑하는 겁니다."

소통을 못 하겠다고 말씀하시는 분들에게 저는 이렇게 말합니다.

소통을 못 하는 것이 아니라 안 하고 있을 뿐입니다.

자신을 향해 위로와 격려의 말을 하고, 미용고사를 해주고,

수많은 질문을 타인을 향해서가 아니라 자신을 향해서 던지고 스스로 답을 찾아보고,

내 몸과 마음을 따뜻하게 살피는 것이 소통인데, 그렇게 쉽고도 쉬운 것이 소통인데, 못 한다는 말은 맞지 않습니다.

대단한 것을 보려고 하는 우리의 선입견에 갇혀서 안 하고 있을 뿐입니다.

아직도 정화와 소통이 어려운가요.

언젠가 케오라가 제게 이런 말을 한 적이 있었습니다.

"내가 너를 바라보기 시작한 그 순간부터 정화가 아닌 것이 없었어.

내가 너와 함께 하기 시작하면서 모든 순간이 정화였고 모든 순간이 소통이었어."

복잡한 인간관계 속에서

살다 보면 참 다양한 위치에 서 있게 됩니다.

때로는 학생의 입장에서 반짝이는 눈빛을 하고 선생님을 바라보기도 했고 때로는 강사의 입장에 서서 많은 분을 바라보는 위치에 있기도 했습니다. 글을 쓰는 사람이 되기도 하고 때로는 누군가의 글을 호기심으로 읽는 사람이 되기도 하죠. 아이 앞에서는 한없이 큰 엄마가 되고 나의 엄마 앞에서는 투정부리는 아이로 돌아갑니다.

누군가에게 아쉬운 부탁을 하기 위해 잔뜩 긴장해보기도 했으며 또 누군가로부터 부탁을 받고 거만하게 거절하기도 했습니다.

하루 종일 영업을 하던 사람도 집으로 돌아오는 길에 들른 식당이나 가게에서는 고객의 위치가 됩니다.

이렇게 우리는 자신도 모르게 하루에도 수십 번 각각 다른 위치에 서 있게 됩니다.

때로는 위에서 아래를 내려다보며 나도 모르게 거만해지고 때로는 아래의 입장이 돼서 위를 보며 비위를 맞추기도 합니다.

도움을 받아야 할 처지가 되면 어쩔 수 없이 우리는 자신을 아래로 낮추게 되고, 도움을 줘야 하는 처지가 되면 우리는 언제 그랬냐는 듯 모습을 바꾸어 자신의 위치를 위로 올립니다.

어쩌면 그 위치가 우리가 흔히들 말하는 '갑'이고 '을'이 되는지도 모릅니다.

저 또한 사회적인 '을'의 위치에서 '갑'으로부터 냉혹한 평가와 거절을 경험했던 적이 종종 있었습니다. 그런데 같은 상황에서도 '갑'의 반응은 제각각 달랐습니다.

어떤 사람들은 칼날같이 냉정하고 차가운 말로 거절을 표현하고 반면 어떤 사람들은 배려 깊고 따뜻하게 거절을 표현해줬습니다.

똑같은 거절이었지만 어떤 곳의 거절은 나를 좌절하게 만들었고, 또 어떤 곳의 거절은 나에게 '더 좋은 기회가 있을 거예요. 힘내세요.'라는 희망이 돼줬습니다.

참 아이러니하게도 무시하듯 차갑게 대하는 사람들의 태도에서 저는 제 모습을 봤습니다.

세상은 나를 비추는 거울이라는 말을 다시 한번 실감할 수 있었습니다. 누군가의 단점이 거슬린다면 틀림없이 내 안에 그 단점이 있기 때문입니다. 오랜 세월 나도 모르게 누군가의 위에 있다는 착각 속에서 얼마나 냉정하게 거절하고 차갑게 또는 무심하게 대해왔던가.

어린아이를 내려다보면서, 나보다 능력이 없어 보이는 동료들을 보면서, 허드렛일을 해주는 많은 사람을 보면서 얼마나 당연하게 그들에게 무심하게 대해왔던가.

그들의 차가운 태도들은 저를 기분 나쁘게 하기 위한 경험이 아니라 소중한 통찰을 주는 경험이 돼줬습니다.

나도 모르게 아래위를 내려갔다 올라갔다 하며 상대를 달리 보고 달리 대했던 나의 모습을 알아차리게 해줬고, 차갑고 무심했던 나의 사소한 행동, 말 하나가 때로는 얼마나 많은 사람에게 좌절이 됐을까라는 생각을 진지하게 해봤습니다.

인생은 나에게 또다시 소중한 메시지를 알려주기 위해 선물을 줬던 것입니다.

나는 왜 **호오포노포노**가 안 되는 걸까?

거만한 사람들을 만나면서 그들의 모습을 통해 나의 거만함을 알아차리고 정화할 수 있었고, 따뜻하고 겸손한 사람들을 만나면서 본받을 기회를 매 순간 얻으니 정말 케오라의 말처럼 모든 인연은 협력자라는 말이 맞는 것 같았습니다.

반면에 이런 일도 있었습니다.
제가 운영하는 블로그를 통해 많은 분의 사연을 접하게 되는데 그럴 때마다 도움이 될 만한 답변을 드리고자 나름대로는 최선을 다하고 있습니다.
어느 날 블로그를 통해 한 분이 어떤 부탁을 해오셨고, 고민 끝에 케오라의 조언대로 정중하게 거절을 해야겠다고 생각했습니다.
그리고 그분이 그 과정에서 마음이 상하지 않도록 2시간을 고민하고 정화를 하며 긴 답변을 올렸습니다. 그런데 결국 그 과정에서 그분은 어떤 오해를 하셨는지 저에게 이렇게 냉정하게 거절을 할 필요가 있냐며 상처를 받았다고 하셨습니다.
저는 도무지 이해가 가지 않았습니다. 내가 부탁을 거절하는 데 있어 이보다 어떻게 더 친절해야 하는지 답답하고 혼란스러웠습니다.
그때 케오라가 어이없는 답을 줬습니다.
'이모티콘을 더 적극적으로 썼어야지.'
그 황당한 답에 실소가 절로 나왔습니다.
그리고 순간, 예전에 내가 느꼈던 누군가의 거절에 대한 차가움도 알고 보면 나의 오해였을지도 모른다는 생각이 번쩍 들었습니다.
내가 아무리 친절을 전달하려고 해도 상대가 그것을 냉정함으로 받아들일 수 있다는 것에 대해서는 그 당시에는 깊이 생각해본 적이 없었거든요.

이 일은 여러 가지로 저에게 많은 생각을 하게 만들었습니다.

"케오라, 모든 사람에게 친절 하고자 노력하는데 상대가 만족스럽지 못하다고 느낀다면 어떻게 해야 하는 거니?"

"상대방의 마음을 네가 책임질 필요는 없어. 사실은 책임질 수도 없어. 너는 네 마음만 책임지면 돼. 그리고 넌 상대에게 있어 네 마음을 우선적으로 챙길 권리가 충분히 있어.

그 순간, 네 마음이 따뜻함을 편하게 생각한다면 따뜻하게 하면 되고, 네마음이 냉정함을 편하게 생각한다면 그렇게 하면 돼.

네가 누군가에게 친절하게 하고 싶다면 그 친절을 진심으로 베푼 것으로 그것은 충분히 완성된 거야."

결국 내가 차갑다고 느꼈던 상대의 반응도 내 마음에서 비롯된 것이었고, 그들이 나에게서 느낀 것 또한 그들의 마음에서 비롯된 것이었을 겁니다.

다시 한번 케오라의 말에 명료해졌습니다.

결국 사람을 존중하고 친절하게 대하라는 것은 그 상대의 반응을 향해 초점을 맞추라는 말이 아니라 그들을 대하는 내 마음을 잘 챙기라는 말이었습니다.

언젠가 제가 어떤 남자분의 세션을 맡게 됐습니다.

세션 날짜가 정해지고 며칠 뒤, 그 남자 분을 잘 아는 지인 한 분이 저에게 전화를 걸어와 세션을 만류하셨습니다.

"선생님. 제가 그분에 대해서 잘 압니다. 얼마나 까다롭고 매사에 불평, 불만이 많은 사람인지 몰라요. 아마 세션을 잘 받아놓고도 마음에 들지 않는다며 불만을 여기저기 말하고 다닐 게 뻔합니다. 이 세션은 선생님을 위해서 안 하는 것이 좋을 것 같아요."

"저에게는 세션 후에 그분이 어떤 말을 하고 다닐지 전혀 중요하지 않습니다.

그 세션에, 제가 얼마나 정성을 들일 수 있을지만이 저에게는 중요합니다."

타인의 반응이 저를 평가하는 것이 아니라 제 마음이 저를 평가하는 것이니 말입니다.

아래, 위라는 위치는 우리 스스로가 만드는 것입니다. 내 마음이 나를 아래로 내렸다가 나를 위로 올렸다가 누군가를 아래로 내렸다가 위로 올렸다가 하는 것입니다.

그 마음을 알아차리고 정화하게 되면 비로소 보입니다.

세상 모든 사람이 같은 위치에 있다는 것을 말입니다. 그리고 심지어 동물이나 꽃 한 송이와 같은 존재들조차도 우리와 같은 위치에 있다는 것을 보게 됩니다.

그럴 때 누구 앞에서나 한결같은 모습이 나오게 됩니다.

그럴 때 우리는 상황에 따라 색을 달리하는 불안정한 위치가 아닌 한결같이 당당하고 따뜻한 위치에서 인생을 살게 됩니다.

도움을 받아야 하는 상황이라고 기죽지 마세요. 그 도움을 못 받았다면 그건 여러분에게 필요한 것이 아니기 때문입니다. 더 큰 기회가 있다는 뜻입니다.

도움을 줘야 하는 상황이라고 자신을 올리지 마세요. 상대를 낮추지 마세요.

이 도움이 사실 나에게 더 유리한 것일지도 모릅니다. 저 사람은 나에게 도움을 받기 위해 내 앞에 있는 것이 아니라 나를 유리하게 만들어 주기 위해 앞에 있는 사람일지도 모릅니다.

그리고 내가 한 행동에 대해서 상대방의 반응에 연연하지 마세요. 상대는 그들의 마음에 충실할 뿐이고 나는 내 마음과 행동을 돌보면 됩니다.

또한 그들이 한 행동에 너무 연연하지 마세요. 우리는 그들의 진짜 진심을 다 알지 못합니다. 지금의 이 서운함은 내 마음에서 비롯된 오해인지도 모릅니다.

얼마 전 약사이신 지인 한 분이 이런 질문을 하셨습니다.
"선생님. 저는 오래전부터 늘 들어왔던 말이 이생에서 공덕을 많이 쌓아야 한답니다. 어떻게 공덕을 쌓아야 할까요? 봉사를 해야 하는 거겠죠."
"아니요. 선생님이 하시는 일이 공덕이 되게 해보세요. 선생님께 오는 사람들에게 미용고사와 함께 약을 지어주고 건강하기를 바라는 마음으로 미소 한 번 지어줄 수 있다면 그게 최고의 공덕이 될 겁니다. 거창한 곳에서 찾지 말고 공덕을 일상에서 만들어 보세요."

우리 집 앞에는 편의점이 하나 있습니다.
그곳에는 30대 초반쯤으로 보이는 여자 한 분이 일하고 있습니다. 늘 밝은 미소로 사람들을 대하면서 적극적이고 당당하게 일하는 모습이 정말 인상적인 분입니다.
처음에는 편의점 사장님인 줄 알았습니다. 별로 더럽지도 않은 창문을 열심히 닦고 있는 얼굴에는 마치 자기 집 창문이 깨끗해지는 것처럼 흐뭇한 미소가 가득했고, 허드렛일을 하면서도 전혀 짜증이라고는 찾아볼 수가 없어서 당연히 자기가 운영하는 곳인 줄 알았습니다.
편의점을 찾는 한 사람, 한 사람 늘 친절하게 안부까지 챙기는 모습을 보면서 자기 영업이니까 저렇게 하는구나 하고 생각했습니다.
때로는 매너 없이 물건을 흩트리는 손님을 보면서 카리스마 있게 "다른 분을 위해서 그렇게 하시면 안 됩니다."라고 당차게 말하길래 자기 가게니까 눈치 안 보고 저렇게 당당하게 말하는 거구나 했습니다. 모든 것이 저의 기준, 저의 수준에서 짐작했던 거였습니다.

얼마 지나지 않아 그분이 실은 사장님이 아니라 시간제로 일하고 있는 아르바이트생이라는 것을 알게 되면서 저는 다시 한번 제 생각이 얼마나 좁은 기준에 갇혀있었는지를 보게 됐습니다.

대단한 일이라는 것이 따로 있을까요? 대단한 사람이라는 기준이 뭘까요?
지금 바로 자신이 서 있는 곳에서 만족하고 행복할 수 있다면 그것이 대단한 일이지 않을까요.
매 순간 정성을 들여 살 수 있다면 그게 정말 대단한 인생이지 않을까요.

얼마 전 만난 지인 한 분이 저에게 이렇게 말했습니다.
"저는 큰 사람이 되고 싶습니다."
그 말에 케오라는 이런 메시지를 올려줬습니다.
"대단한 사람이 되고 싶다면 먼저 가장 사소한 것부터 챙겨 보세요.
큰 사람이 되고 싶다면 먼저 가장 작은 것부터 크게 보세요."

큰 것을 크게 보는 것은 당연합니다.
작은 것을 크게 볼 수 있을 때 우리는 진정한 성장을 하게 됩니다.

쉽게 허용하기

어떤 분이 이런 고민을 말씀하셨습니다.

"저는 직장에서 너무 큰 스트레스를 받고 있습니다.

다들 힘든 청소는 안 하려고 요령만 피우고, 저만 늘 청소를 도맡아 하게 됩니다. 저는 더러운 꼴을 못 보는 성격이거든요.

물론 이런 나쁜 생각이 제 인생에 좋지 않다는 것을 잘 알아요. 그래서 정화도 열심히 하고 여러 방법으로 마음을 수양하려고 노력하는 중입니다. 그런데도 여전히 스트레스는 안 풀리고 억울함만 더해지네요."

그래서 이렇게 상담해 드렸습니다.

"선생님께서 얼마나 정화를 열심히 하시는지 저도 잘 알지요.

미용고사도 열심히 하고 좋은 책도 많이 읽으시고요.

그런데 이제부터는 정화하는 방법을 바꿔보세요.

남들이 하기 싫어하는 일을 내가 할 때마다 엄청난 정화가 이뤄진다고 생각해보세요.

그리고 그것은 단순한 가정이 아니라 실제로 그렇습니다.

정화는 일상에서 자연스럽게 이뤄질 때 그 힘이 엄청나게 커집니다.

정화가 일상과 하나로 돌아갈 때 그 효과는 커지게 돼 있답니다.

정화와 일상을 분리하게 될 때, 정화의 효과는 더딜 뿐 아니라 모순적인 딜레마에 빠지게 됩니다. 평생 기도를 열심히 하고도 인생이 전혀 바뀌지 않는 경우처럼 말입니다.

일상에서 남들이 보지 못한 것을 내가 먼저 발견하고 정리할 때, 남들이 하기 싫어서 게으름을 피우기 전에 내가 먼저 그것을 청소할 때, 이것은 대단한 정화가 됩니다.

청소뿐만 아니라 그들의 게으름을 부릴 기회까지 내가 미리 정화를 하는 것이니 대단한 일이죠.

저는 집안 청소 특히 화장실 같은 힘든 곳을 청소할 때 '정화를 시작해볼까.'라고 말합니다.

그러면 더러운 것들이 눈앞에서 깨끗해질 때마다 내 내면이 함께 깨끗해지는 느낌이 들어서 희열이 생겨납니다.

정화를 위한 시간을 따로 만들지 마세요. 정화를 위한 경험을 일부러 만들지 마세요.

선생님 성격이 더러운 것을 싫어하신다고요. 그럼 결국 깨끗한 것을 보고 싶어 하는 내 마음을 위한 청소이네요.

타인을 위한 행동이라 생각하니 억울함이 남는 것입니다.

그렇게 대단한 정화를 매일 하고 있으면서도 생각 하나로 그것을 무용지물로 만들고 계셨어요.

그들을 위해서 청소하지 마세요. 깨끗함을 좋아하는 내 마음을 위해서, 그리고 내 인생의 부정적인 기억을 청소하는 경험으로써 하세요. 그러면 실제로 최고의 정화 기회가 될 겁니다."

또 어떤 분이 이런 고민을 말씀하셨습니다.

"선생님. 제 마음에 들지 않는 자식이 있답니다. 어찌나 무능한지. 쯧쯧… 나이가 많은데 아직도 저한테 기대어 살고 있습니다.

물론 제가 어릴 때부터 애정을 많이 주지 않았다는 것을 압니다. 정화와 소통을 하게 되면서 저 자신을 보니 과거의 제 모습이 보이더라고요. 엄마로서 그 아이에게 안정감과 제대로 된 사랑을 주지 못했던 것을 보게 됐습니다.

그것을 스스로 알게 된 후부터 그 아이를 위해서 기도도 열심히 하고 있습니다. 그 아이를 위해서, 그동안 나가지 않던 새벽기도도 힘들지만 하고 있습니다. 그런데도 마음은 여전히 답답하네요. 어떻게 하면 제대로 정화가 될 수 있을까요?"

"새벽기도 다니시느라 많이 힘드시겠네요.

그 아이를 위해서 힘든 기도를 하고 있으니 당연히 원망도 함께 들 수밖에요.

그 아이를 위해서 내가 이렇게까지 하고 있는데 달라지는 것이 없으니 답답할 수밖에요.

즐거운 기도가 아니라 힘든 기도라면 하지 마세요.

왜 쉬운 정화를 두고 어렵게 하려고 하십니까.

왜 바로 내 눈앞에 있는 아이를 두고 멀고 먼 신을 향해서 기도하십니까?

당사자인 그 아이에게 직접 말하세요.

다 괜찮다고요. 네 모습 그대로 괜찮다고요. 그리고 사랑한다고요.

우리의 이 인연의 모습에 감사한다고 말하세요.

신과 눈을 맞추려고 하지 말고, 하루 한 번만이라도 그 아이와 직접 눈을 마주치면서 따뜻하게 고마움을 이야기하고 사랑을 이야기해보세요.

그동안의 미안함을 용기 있게 말해보세요.

벽과 같이 두껍고 딱딱해진 내 감정만을 보면서 정화하고, 기도 하고 있으니 변하지 않는 것입니다.

그저 기대고 싶은 신을 향해서 하소연만 하고 있으니 달라지지 않는 것입니다.

지금 선생님의 그 하나님은 바로 그 아이 속에 계십니다."

내 눈앞에 오는 모든 인연과 경험을 차별하지 마세요.

내 눈앞에 펼쳐지는 모든 세상의 모습을 차별하지 마세요.

경험 또한 그저 에너지체일 뿐이고 우리 마음과 똑같습니다.

그들이 바라는 것은 그저 외면당하지 않고 존중받고 싶어 하는 것입니다.

나는 왜 **호오포노포노**가 안 되는 걸까?

이득이 있어 보이는 것은 좋은 것이라고 말하고,

당장 손해가 나는 것은 나쁜 것이라고 말하고.

나에게 좋은 말만 해주는 인연은 좋은 인연이라 말하고,

나에게 갈등을 일으키는 인연은 나쁜 인연이라고 말하고.

화사하게 밝은 흰색은 긍정적인 색이라고 말하고,

어둡고 칙칙해 보이는 검은색은 부정적인 색이라고 말하고.

오래전 제가 문동규 원장님께 처음 최면을 배울 때 있었던 일입니다. 실습 중에 원장님께서 저를 최면으로 유도하시면서 이렇게 암시를 주셨습니다.

"자… 제가 지금부터 하나, 둘, 셋이라고 하면 선생님께서는 가장 편안하게 머물 수 있는 아름다운 장소로 가게 됩니다."

그 암시에 따라 저는 제가 상상할 수 있는 가장 기분 좋은 아름다운 곳으로 갔습니다.

"어떤 곳인가요?"

"네… 바닷가인데요. 비가 오고 있어요. 하늘은 회색빛으로 흐립니다."

"네? 아니 저… 다시 하나, 둘, 셋이라고 하면 지금보다 더더욱 밝고 기분 좋은 곳으로 갑니다."

"어떤 곳인가요?"

"네… 바닷가인데요. 조금 전보다 비가 훨씬 더 많이 오고 있어요. 파도가 회색빛으로 춤을 추고 있어요."

훗날 원장님께서 말씀하시기를, 당시 저 실습을 하면서 속으로 '이분은 내면이 다소 어둡고 힘든 기억이 많은 사람인가'라고 생각하셨답니다. 왜냐면 일부의 내담자들은 내면의 어두운 감정과 이미지가 상징처럼 반영돼 긍정적이거나 밝은 장면을 그려내지 못하는 경우들이 있기 때문입니다.

그런데 지켜보니 전혀 그런 사람이 아니라 놀라셨고, 본인 또한 선입견에 매여 있었음을 깨달았다고 하셨습니다.

안정적이고 아름다운 풍경에는 늘 햇살이 찬란하게 비춰야 한다는 선입견 말입니다.

누군가는 햇살을 보며 마음이 안정될 수도 있고, 누군가는 회색빛 하늘을 보며 마음의 안정을 느낄 수도 있습니다.

누군가는 잔잔한 바다를 보면서 아름다움을 느낄 수도 있고, 또 누군가는 비바람에 격렬하게 춤추는 파도를 보며 아름다움을 느낄 수도 있습니다.

왜냐면 이 모든 것이 똑같이 신의 작품이기 때문입니다.

'좋다'라는 것에 객관적인 기준은 있을 수 없음에도 불구하고 우리는 오랜 세월, 세상을 좋음과 나쁨, 옳고 그름, 깨끗함과 더러움이라는 기준으로 차별해왔습니다.

그것을 나누는 기준이라는 것이 과연 창조주의 기준과 얼마나 일치할까요?

열 손가락 중 깨물어 안 아픈 손가락이 없다는 말처럼 애초 이 우주가 창조될 때 그 모든 것들이 다 존중받아야 하는 소중한 존재들이었습니다.

정화와 소통의 개념은 곧 세상 만물 그리고 모든 경험의 존중입니다.

그리고 존중은 곧 허용입니다.

내 앞에 있는 모든 인연은 다 나에게 유리한 인연입니다.

내 앞에 일어나는 모든 경험은 다 나에게 유리한 경험들입니다.

내 앞에 보이는 세상 모든 부분 또한 신에게는 똑같이 아름다울 것입니다.

그것을 차별하지 마세요.

갈등이 일어나는 인연에게 그럴 수 있다고 말해주세요.

너와 나 사이에 얽힌 기억이 완벽하게 일어나고 있을 뿐이라고 말해주세요.

그 허용이 그와 나 사이의 질긴 기억을 정화하고 그 인연을 해방해줄 것입니다.

당장 손해를 보는 듯한 사건이 일어나고, 내 기준에 불편한 경험이 일어나더라도 그들을 향해 괜찮다고 말해주세요.

너희가 잘못된 것이 아니라고, 너희 때문에 내가 힘든 것이 아니라 너희를 바라보는 내 마음이 스스로 힘들게 하는 것이라고 안심시켜주세요. 그들에게 내가 너를 미워하고 있지 않다고 말해주세요.

그 허용이 비로소 그 불편한 경험을 완벽한 경험으로 정화하고, 그들은 편안하게 흘러가게 될 것입니다.

내 앞에 보이는 세상이 어떤 모습을 하고 있든, 이것 또한 신의 의도가 깃들어있음을 알아주세요. 그 세상이 흐리게 보이는 것은 내 기억의 안경이 흐리기 때문입니다.

그 허용이 나의 탁한 기억의 안경을 벗기고 비로소 가장 어둡고 초라한 곳조차도 신의 아름다운 에너지가 묻어있음을 보여줄 것입니다.

수많은 갈등, 불편함, 고난들이 가득한 인생이라고 하소연합니다.

그리고 이제 정화와 소통의 길 위에 계신 분들은 그 모든 것이 내 기억에서 만들어졌음을 인정하실 것입니다.

이제 우리는 다시 한번 인식해야 할 때입니다.

우리를 힘들게 하는 부정적인 기억들…

그것을 풀어내는 최고의 정화는 허용입니다.

저항은 그들을 더 섭섭하게 만들고 나와 등지게 합니다. 그들을 적으로 만드니 전쟁 같은 인생으로 느껴지는 것입니다.

그리고 최고의 허용은 존중입니다. 그들과 친해지는 것입니다.

나를 불행하게 하는 것들과 친해지면 평생 불행하게 사는 것이 아니냐고요?

아닙니다. 친구는 결코 나를 불행하게 만들지 않습니다.

'확언 스티커' 에피소드

몇 해 전 '정화와 소통 워크숍 레벨1'을 열기 위해 한창 준비하고 있었을 때 문득, 참석하시는 분들에게 각자 맞는 확언을 나눠드리는 것이 좋겠다는 생각이 강하게 떠올랐습니다.

그 생각은 정화를 하면 할수록 선명해졌고 곧이어 세 가지 확언까지 정해지게 됐습니다.

'오늘도 감사합니다.'

'내 인생은 나에게 가장 유리하게 흘러가고 있다.'

'대단하게 살지 말고, 즐겁게 살자.'

이 확언들은 각각 스티커 형태로 제작됐습니다.

그리고 강의 신청이 들어오면 그분의 명단을 두고 정화를 하며 묻습니다.

"○○선생님의 잠재의식에게 물어봅니다. 이분에게 지금 어떤 확언이 도움이 될까요?"

그러면 선명하게 하나의 확언이 느껴집니다.

서울에서 열린 첫 워크숍 준비과정에서 있었던 일입니다.

신청이 들어올 때마다 수시로 정화하면서 스티커를 배분해놓기 때문에 어떤 확언이 몇 개씩 배분됐는지 전혀 모르는 상태로 준비가 진행됩니다.

마침내 모든 신청이 마감됐을 때입니다. 첫 회 강의의 인원은 서른 명이었는데 최종적으로 배분된 스티커를 세어 보니 정확하게 세 개의 확언이 각각 똑같이 열 명씩에 돌아간 것입니다. 신기하다는 생각은 잠시 했지만, 우연이겠지 하고 넘겼습니다.

그런데 다음날 이어지는 2회 부산 워크숍은 총 스물한 명이었는데, 여기서도 정확하게 일곱 명씩 각각의 스티커가 똑같이 배분돼있었습니다.
'어… 두 번이나 정말 신기하네.' 그때 케오라가 말했습니다.
"우연의 일치가 아니야. 이 확언은 단순히 네 의식만의 작업이 아니라 그들의 잠재의식이 함께하는 작업임을 너에게 확신시켜주고 싶어서 그 신호로 내가 이렇게 보여준 거야."
단순한 저의 상상이 아닌 모두의 잠재의식이 함께하고 있음을 케오라의 작은 신호로 다시 한번 확신할 수 있었습니다.
그리고 케오라는 곧 이런 말도 덧붙였습니다.
"앞으로 너의 그 여정에 아주 신비로운 일들이 많이 일어나게 될 거야. 감동적이고 아름답고 아주 신비로운 그들과의 교감이 현실로 드러나게 될 거야."

세 가지 확언에는 나름대로 의미가 있습니다.
'오늘도 감사합니다.'라는 확언 스티커에는 창조와 변화의 에너지가 나옵니다.
그리고 자신도 모르게 부정적인 것에 초점이 자주 맞춰져 있는 분들에게는 새로운 관점으로 초점이 변화될 수 있도록 이끌어 줍니다.
이분들은 자신의 인생에 감사해야 할 부분이 많음에도 불구하고 감사의 표현에 인색했던 분들일 수 있습니다. 또한 옳고 그름의 판단과 내 기준이 명확해서 주변에 엄격할 수도 있습니다.

그리고 이 확언 스티커가 가지는 또 다른 의미는, 변화의 기회 앞에 있는 분들에게도 돌아간다는 것입니다. 이분들에게 이 확언은 앞으로 다가올 크고 작은 변화를 선명하게 만들 수 있는 최고의 암시문이 될 수 있습니다.

나는 왜 **호오포노포노**가 안 되는 걸까?

내면에 강한 에너지를 가지고 있으나 긍정적으로 활용을 잘 하지 못했던 분들이 인생의 감사한 부분에 초점을 안정적으로 맞추고 이 확언을 내 것으로 흡수했을 때, 이분들에게는 완전히 다른 세상, 큰 변화들이 일어날 것입니다.

그리고 자신의 그 변화는 주변에도 많은 영향을 주게 되고, 나로 인해 함께 달라지는 주변도 느낄 수 있게 됩니다.

자신의 인생에 큰 영향을 주는 반복적인 생각과 감정일수록 미워하거나 외면하지 말고 더더욱 친하게 지내야 합니다. 나를 힘들게만 한다고 믿어왔던 그 고질적인 생각과 감정으로부터, 적이 아닌 친구로서의 협력을 얻게 될 때 진짜 긍정적인 에너지가 인생에 뿌리를 내리게 됩니다.

그런 면에서 이분들이 특히 친하게 지내야 할 감정과 생각은 분노와 짜증입니다.

그리고 스스로 관찰해야 할 부분은 자신도 모르게 판단하고 선을 긋고 있는 분별력입니다.

'내 인생은 나에게 가장 유리하게 흘러가고 있다.'
이 확언 스티커에는 무겁게 쌓여있던 고질적인 걱정들을 덜어주는 에너지가 나옵니다.

그리고 주변의 객관적인 상황이나 이성적인 생각보다는 자신의 감정에 영향을 많이 받는 분들에게 돌아가는 확언입니다.

주변의 상황이 아무리 안정적으로 잘 돌아가고 있다고 하더라도, 또한 머릿속에서 이성적인 생각으로는 문제가 없다는 것을 안다 하더라도, 심층의식(기억)의 감정이 한번 드러나기 시작하면 온 세상이 그 감정에 쌓여 스스로 마음이 힘든 분들에게 돌아가기도 합니다.

그리고 원치 않는 경험이나 암시로 인해 자신의 가치를 미처 알지 못하고 살아왔던 분들이나, 자신감이나 자존감이 떨어진 상태에서도 이 스티커가 배분됩니다.

자신을 조금만 더 믿고 자신감을 가지고 신뢰했다면 훨씬 더 멋진 경험과 능력을 발휘할 수 있었음에도 자신에 대한 불신 때문에 주저하면서 많은 것을 놓친 분들일 수도 있습니다.

그래서 저는 이 스티커를 나눠드릴 때 '과감하게 저지르세요. 용기를 가지세요. 자신을 좀 믿으세요.'라는 조언을 함께 하기도 합니다.

이분들이 이 확언으로 인해 감정적인 착각에서 벗어나 자신의 모습을 제대로 보고, 자신에 대한 확신과 사랑을 회복하고 중심을 잡게 되면 엄청난 매력을 펼치시게 될 것입니다.

그리고 일상에서 잘 살펴보고 돌봐야 할 감정과 생각은 불안함과 두려움, 자책입니다.

스스로 관찰해야 하는 부분은 오르내림을 반복하는 감정의 파도입니다.

'대단하게 살지 말고, 즐겁게 살자.'
이 확언 스티커에는 무거운 생각을 덜어주는 에너지가 나옵니다.

그리고 감정적이기보다는 자신의 생각, 그리고 사회적 도덕적인 규범 의무 등의 영향을 많이 받는 분들에게 돌아가는 확언입니다.

매사 심각하게 생각하고 고민하고, 누가 봐도 어른스러우며 긴 시간 의무감과 책임감으로 살아오신 분들이 많습니다.

이 확언은 참 신기하게도 50대~60대분들께 자주 돌아가곤 하는데, 본인의 즐거움은 사치이고 긴 인생을 오직 가족을 위해 책임감으로 살아오신 연령대의 분들이라 그런 것 같았습니다.

나는 왜 **호오포노포노**가 안 되는 걸까?

그들의 잠재의식은 그들에게 더 늦기 전에 인생을 스스로 즐기며 살기를 바라는 것일지도 모릅니다.

이분들은 정말 열심히 일생을 치열하게 살고도 정작 인생의 끝자락에 자신에게 무엇이 남았는지를 돌아보며 허탈해할 수 있습니다. 정작 소중한 것을 놓치고 후회할 수도 있습니다.

언젠가 이 스티커를 배분받으신 한 선생님의 잠재의식이 이런 메시지를 전해주셨습니다.

"즐겁게 사는 것이 가장 대단한 것이다."

후에 그 선생님의 이야기를 들어보니 일생을 일과 승진 등의 물질적인 성취만을 위해 달려오셨다고 하더라고요. 그리고 그 과정에서 건강이 많이 나빠졌다고 하셨습니다.

이분들의 성실한 에너지가 책임감이 아닌 열정으로 바뀔 때, 목적이나 목표가 아닌 인생의 즐거움으로 바뀔 때, 말로 표현할 수 없는 인생의 진짜 성취감을 느끼게 될 것입니다.

무거운 짐을 짊어지지 않아도, 거창한 목표를 따르지 않아도, 이렇게 가볍게 살아도 얼마든지 대단할 수 있다는 인생의 참맛을 느끼게 될 것입니다.

그리고 일상에서 잘 살펴보고 돌봐야 할 감정과 생각은 의무감과 책임감, 심각함입니다.

스스로 관찰해야 하는 부분은 '내 인생에 도움이 될 것 같은 수많은 생각'입니다. 하지만 그 긍정적일 것 같은 수많은 생각이 실제로 내 인생에 도움이 되지 않는다는 것을 알아차려야 합니다.

물론 이것은 저의 주관적인 이론입니다. 늘 강조하지만, 절대적인 기준이 있는 정보는 아닙니다.

그리고 이 확언 스티커는 언제든지 달라질 수 있습니다. 어떤 분들의 경우는 인생 전반적인 부분에 대한 확언이 돌아갈 수도 있고, 또 어떤 분들은 일시적인 지금의 현 상황에 대해서 필요한 확언이 돌아갈 수도 있습니다. 그리고 사실 세 가지 모두, 우리에게 다 필요한 확언입니다만 그중에서도 지금 고질적인 내 패턴에 당장 도움이 될 수 있는 확언이 나가게 됩니다.

이 확언들을 꼭 저라는 사람을 통해 정할 필요는 없습니다. 저 또한 완벽하지 못한 내면의 느낌에 의존하고 있기는 마찬가지입니다.
이글을 보고 있는 독자분들 중에, 자신도 저 세 가지 확언 중에 하나를 자기암시로 활용하고 싶다면 스스로 미용고사를 하면서 질문을 던지시기 바랍니다. 그리고 강하게 끌리는 확언을 활용하시기 바랍니다.
그리고 반드시 저 확언들이 아니라도 본인이 자신에게 맞는 확언을 만들어 일상에서 반복을 통해 내 것으로 완전히 흡수시키게 되면 그 암시의 효과는 굉장히 크게 나타나게 됩니다.

별것 아닌 것 같은 암시 하나에 믿음이 더해지고 그 믿음이 강해져서 내 안에서 사실이 돼버리는 순간 그 암시는 우리의 현실에 그대로 드러나게 됩니다.
감사해야 할 일들이 실제로 일어나게 되고, 내 인생에 유리한 기회들이 정말로 생기며, 절로 '인생이 이 맛으로 사는 거구나!' 하는 경험들을 하게 됩니다.
내면에서만 머무는 암시가 아니라 물질을 만들어내는 실체 있는 씨앗이 된다는 것입니다.
결국 인생의 모든 경험이 내 안의 기억들이 만들어내는 뿌리 깊은 신념으로부터 비롯된 것이고, 새로운 신념이 생성될 때 새로운 인생의 변화도 일어나는 것입니다.

나는 왜 **호오포노포노**가 안 되는 걸까?

그리고 확언을 내면으로 흡수시키는 좋은 방법 중 하나는, 아침잠에서 깨어날 때 가장 먼저 이 확언들을 5번 이상 반복하는 것을 습관처럼 하는 것입니다. 그래서 나중에는 아침에 의식이 깨어날 때마다 자신의 의지와 상관없이 무의식으로 이 확언이 되새겨질 정도로 만들어보시기 바랍니다.

하루를 '피곤해…'로 시작하지 말고 기분 좋은 확언으로 시작하시기 바랍니다.

그리고 또 한 가지 방법은, 확언을 본인의 목소리로 녹음해서 자기 전에 이완된 상태에서 듣는 것입니다.

우리의 뇌는 낯선 목소리를 경계하고 익숙한 목소리는 쉽게 받아들입니다. 그럴 때 이 세상에서 가장 익숙한 목소리는 바로 본인의 목소리입니다. 평생을 가장 가깝게, 가장 많이 듣는 목소리가 바로 나 자신의 목소리인 것입니다.

바로 내가 하는 모든 말이 나에게 큰 암시가 돼왔다는 것이기도 합니다. 타인에게 욕을 했지만 그 욕은 나에게 암시로 흡수됐고, 남을 칭찬했지만 그 칭찬 또한 나의 것으로 흡수돼왔습니다. 결국 우리는 타인에게 이야기했던 것이 아니라 늘 나 자신에게 이야기했던 것입니다.

비난도, 욕도, 짜증도, 칭찬도 말입니다.

다음은 스티커에 얽힌 몇 가지 일화들입니다.

레벨1을 수강하셨던 분들이 레벨1 재수강을 신청하게 되면 스티커에 대한 부분을 다시 정화하게 됩니다.

그러면 어떤 분들은 새로운 스티커를 배분받게 되고, 또 어떤 분들은 기존의 스티커를 그대로 쓰게 됩니다.

새로운 스티커를 배분받게 되는 경우는 그동안 주변의 상황이 바뀌었거나, 본인의 내면이 그동안의 정화와 소통으로 인해 새로운 패턴으로 바뀌게 된 경우들입니다.

얼마 전에 19살의 앳된 친구가 강의에 왔었는데, 처음엔 **'내 인생은 나에게 유리하게 돌아가고 있다'**라는 스티커를 배분받았습니다.

그런데 그 친구를 보면서 이상한 점을 발견하게 됐습니다. 조금 떨어져서 볼 때는 전혀 몰랐는데 가까이서 보니 너무 귀엽고 매력 있게 생긴 겁니다. 처음에는 단순히 '내가 눈이 나빠서 그동안 제대로 못 본 건가?' 라고 생각했는데 수업이 진행되면서 보니 그게 아니었습니다.

조금만 떨어져서 보면 그 모습이 부옇게 흐려져서 존재감이 사라지다가 가까이서 뚫어지게 보니 그 매력이 아주 선명하게 보이는 것이었습니다.

그리고 레벨2 강의에서 그 친구의 잠재의식이 전해준 메시지를 접하면서 그 이유를 조금 더 선명하게 알게 됐습니다.

그 친구의 잠재의식은 그의 의식에게 **"제발 어깨를 펴고 활짝 웃으면서 가자!"**라고 강하게 말하고 있었습니다.

저는 그 메시지를 바탕으로 이렇게 조언을 해줬습니다.

"선생님, 왜 이렇게 스스로 위축돼있어요?

자세히 보면 이렇게 예쁘고 매력 있고 능력이 많은 사람인데, 스스로 그것을 주변에 숨기고 있네요. 주변에서 나를 보지 못하도록 부옇게 막을 치고 있어요.

그 어떤 누구도, 저처럼 정성스럽게 선생님을 뚫어지게 바라보면서 그 매력을 애써 찾지는 않을 겁니다. 다들 그냥 무심코 지나가면서 선생님을 보지 못할 겁니다.

주변의 기준에 위축되지 말고 자신의 모습을 찾으세요. 많은 사람이 선생님의 매력과 능력을 볼 수 있게 말입니다.

그러기 위해서는 먼저 어깨를 펴서 바른 자세를 생활화하고 많이 웃으

나는 왜 **호오포노포노**가 안 되는 걸까?

라네요."

그러자 옆에 계시던 그 친구의 어머니가 놀라 웃으셨습니다. 평소 때늘 자세가 구부정해서 걱정이었다고 하시면서 말입니다.

그 후, 그 친구는 누구보다 열정적인 모습으로 레벨1, 레벨2 재수강도 연이어 들었었는데 마지막 수업에서는 **'대단하게 살지 말고, 즐겁게 살자.'**라는 스티커로 바뀌게 됐습니다.

주변을 즐겁게 할 수 있는 멋진 재능이 많은 친구였는데 현실적인 상황에 눌려 자신의 가치를 잃어버리던 중, 정화와 소통을 통해 자신감을 조금씩 회복하게 되면서 자신의 인생에 맞는 스티커로 다시 배분된 것이었습니다.

세상이 강요하는 기준이 아니라 본인의 즐거움을 따라가다 보면, 바라는 모든 것이 그 길 위에 있을 거라는 메시지를 다시 한번 바뀐 스티커를 통해 그 친구의 잠재의식이 표현해 준 것입니다.

예전에 이런 일도 있었습니다.

어떤 선생님께서 레벨1을 들으시고 몇 개월 후, 재수강 신청을 하셨습니다.

그래서 다시 정화해보니 처음 받으셨던 스티커가 아닌 새로운 스티커로 나왔습니다.

처음 배정됐던 스티커는 **'오늘도 감사합니다.'**였는데 재수강 때는 **'내 인생은 나에게 유리하게 흘러가고 있다.'** 스티커로 바뀐 것입니다.

그래서 새로운 스티커를 준비하려고 하는데, 그분의 잠재의식이 강하게 느껴졌습니다.

"아니에요. '내 인생은 나에게 유리하게 흘러가고 있다.' 스티커 받았습니다. 그 스티커 가지고 있으니 다시 안 주셔도 돼요."

그 당시에는 그게 무슨 말인지 잘 이해가 되지 않았습니다. 왜냐면 제 기록에는 분명 첫 레벨1 강의 때 감사 확언 스티커가 배분된 것으로 돼 있었기 때문입니다.

하지만 곧 강의에서 놀라운 사실을 확인할 수 있었습니다. 제 기록과는 다르게, 실제로 그 선생님께 첫 강의 때 배분된 스티커는 **'내 인생은 나에게 유리하게 흘러가고 있다.'** 스티커였던 것입니다. 다시 말해 제 기록이 잘못돼있었던 것입니다. 그리고 그 부분에 대해 그 선생님의 잠재의식이 저에게 전달해준 것이고 말입니다.

참 놀라웠습니다.

얼마 전 열렸던 워크숍에서의 일입니다.

레벨2를 들은 지 거의 1년 만에 재수강을 오신 선생님이 계셨습니다.

그분을 정화했을 때, 그분의 잠재의식이 확언 스티커를 강조하는 느낌이 들었습니다.

'유리함의 스티커, 유리함의 스티커……'

그분은 레벨1에서 모든 것이 나에게 유리하게 돌아간다는 확언의 스티커를 배분받았습니다. 그리고 그분의 잠재의식은 그 확언 스티커를 계속 말하고 싶은 듯했습니다.

"선생님, 선생님의 잠재의식이 자꾸 유리함의 스티커를 강조하고 있는데요. 그 확언에 좀 더 집중하시는 것이 좋겠습니다."

그랬더니 그 선생님이 깜짝 놀라며 이렇게 말하는 것입니다.

"어머, 사실은 얼마 전부터 배부받았던 유리함의 스티커 확언 대신 '오늘도 감사합니다.' 라는 확언이 더 하고 싶은 거예요. 그래서 혼자 생각에, 이제 스티커 확언이 바뀔 때가 됐나 보다 하고는 감사함의 확언을 하고 있었습니다."

"선생님, 지금은 확언을 바꿀 때가 아닌가 봅니다. 선생님의 잠재의식은 유리함의 확언을 체화하기를 강하게 바라고 있네요.

나는 왜 **호오포노포노**가 안 되는 걸까?

그리고 선생님의 현재의식이 확언을 바꾸고 싶어 했던 이유는, 마음에 들지 않는 현실적 상황을 유리하지 않다고 쉽게 판단해버리고 싶어하는 오랜 패턴 때문인 것 같습니다.

눈에 보이는 것으로만 유리함을 판단하지 않고 그 안에 숨어있는 진가를 조금이라도 우리가 인식할 수 있다면 나에게 불리한 상황이라는 것은 애초에 없다는 것을 알게 됩니다.

그러니 지금은 그 절대적인 유리함에 대해 더 확신해보시기 바랍니다."

그리고 한번은, 한 선생님에게 두 가지 종류의 스티커가 동시에 배분된 적이 있었습니다.

그랬던 적이 한 번도 없었기에, 당황스러워서 몇 번을 다시 정화하며 확인했지만, 여전히 두 가지 스티커가 동시에 올라왔습니다.

그것은 '**내 인생은 나에게 유리하게 흘러가고 있다.**'와 '**대단하게 살지 말고, 즐겁게 살자.**'라는 스티커였습니다.

그때 그 이유를 케오라에게 물어보니 이렇게 답해줬습니다.

"그 선생님의 전반적인 인생에는 즐겁게 살자는 스티커가 맞아.

하지만 조만간, 내 인생이 유리하게 흘러가고 있다는 확언이 필요한 일이 생길 거야. 그래서 그의 잠재의식이 두 가지를 원하고 있어."

그 후, 실제로 그 선생님께 유리함의 확언이 필요한 사건이 일어나게 됐습니다.

직장 후배가 큰 사고를 치게 됐는데 직속 상사인 본인이 그 책임을 지게 된 것입니다.

하지만 더욱 놀라운 것은, 얼마 후 그 책임을 지기 위해 부서를 부득이하게 옮기게 됐는데 새로운 부서와 새로운 일이 바로 본인이 오랫동안 바라던 것이었던 겁니다. 그 선생님의 재능을 즐겁게 펼칠 수 있는 곳으로 가게 된 것입니다.

정말 불리한 것처럼 보였던 그 사건이 실제로 그 선생님에게 유리하게 흘러가고 있음을 확인할 수 있는 일이었습니다. 그의 잠재의식이 원했던 스티커 확언처럼 말입니다.

정화와 소통의 길 위에서 케오라의 말처럼, 예전에는 상상도 할 수 없었던 경이로운 경험을 참 많이 하게 됩니다.

중요한 것은, 내가 순수한 믿음으로 누군가를 대하게 될 때 그와 나 사이에는 물질을 초월한 교감이 가능할 수 있다는 것입니다.

그리고 그 순수한 교감은, 오랜 시간 내면 깊은 곳에 묻혀 있던 그들의 순수한 의식을 깨어나게 합니다.

세상에 지친 현재의식이 그들의 깊고 순수한 잠재의식의 품에 함께 할 수 있기를 돕는 것, 그것이 이생에서 제가 해야 하는 일인 듯합니다.

'나는 누구인가?'

영성을 공부하는 사람들에게 있어 가장 근본적인 숙제가 아닌가 합니다.

실제로 저를 찾는 사람 중에 많은 분이 이 질문을 놓고 힘든 고민에 빠져있었습니다.

"선생님 저는 도대체 누구일까요? 도저히 모르겠어요."

"선생님 저는 수십 년 동안 저를 찾아 헤매고 있어요. 선생님 강의를 듣게 된 이유도 저를 찾고 싶어서입니다."

"나를 알고 싶은데 도대체 알 수가 없어서 미쳐버릴 지경이에요. 답답해 죽겠습니다."

저에게 애절하게 이 질문을 던지는 분들 앞에서 저는 매번 난감해질 수밖에 없었습니다.

이 질문에 대한 그 심오한 답을 저 또한 알 길이 없으니 말입니다.

어느 날이었습니다. 지인 한 분이 저에게 이런 말씀을 하셨습니다.

"바다는 용신이고 산은 산신인데, 그런 존재들과 교감하는 걸 보니 당신은 무속인이 아닙니까?"

저는 이런 생각이 들었습니다.

'무속인이라… 전국에 있는 무속인들이 들으면 나를 욕하겠는걸.

나같이 아무런 능력도 없는 사람한테.'

사실입니다. 저는 무속에 관련된 어떤 능력도 없습니다.

속 시원하게 누군가의 미래를 알아맞히지도 못하고, 좋은 에너지를 모아 부적을 써주는 능력도 없습니다.

그러니 어떻게 무속인이라는 표현이 맞겠습니까. 무속인분들에게 죄송할 뿐입니다.

또 어느 날은 잔뜩 흥분한 지인에게서 연락이 왔습니다.

누군가 블로그에 저를 '정신 나간 영성가'라고 표현했다는 것입니다.

'정신 나간 영성가'라는 표현에서 저는 피식 웃음이 나왔습니다.

"그분이 저를 아주 과대평가하셨네요. 망상가면 몰라도 영성가라니요."

영성이 뭔지도 모르는 사람한테 영성가라는 타이틀은 참 과분하기만 합니다.

누구보다 세속적이고 물질 좋아하고 아는 거라고는 '정화와 소통'밖에 없는 평범한 사람인데요.

어찌 됐든 그 후에, 저도 한번 신중하게 생각해봤습니다.

'그럼 나는 누구지? 많은 사람이 핑크돌고래님은 이런 사람이다, 저런 사람이다… 표현을 해주시는데 정작 나는 누구인 거지?'

제 강의를 들으셨거나 제 책을 이미 읽으신 분들이라면 제가 가진 큰 장점을 아실 겁니다.

저는 무엇이든 쉽고 편하게, 그리고 간단하게 생각합니다.

거창해 보이는 그 무엇도 저는 가장 흔한 곳에서 찾습니다.

복잡해 보이는 그 무엇도 저는 쉽게 만들어버립니다.

그게 제 장점입니다.

간단해야, 쉬워야, 편해야 제 것으로 체화되거든요.

사실 제가 똑똑하지를 못해서 그럴지도 모르지만 저는 이런 제 장점이 아주 마음에 듭니다.

그래서 '나는 누구인가?'에 대한 그 심오하고도 거창한 질문에 저는 다시 한번 '나답게, 내 수준에 맞게' 아주 쉬운 답을 냈습니다.

그저 매 순간의 '나'를 보는 것입니다.

'나는 누구인가?'

'나는 어제 있었던 ◇◇와의 갈등을 곱씹으면서 우울해 하는 사람이다.'

그렇게 자신을 보는 순간 '나는 누구인가?'에 대한 답은 변하게 됩니다.

'나는 누구인가?'

'우울해 하는 내 마음을 알아차리고 있는 사람이다.'

그렇게 다시 한번 자신을 보는 순간 '나는 누구인가?'에 대한 답이 또 변하게 됩니다.

'나는 누구인가?'

'나는 우울해 하던 마음을 방금 내려놓고 따뜻한 차를 준비하고 있는 사람이다.'

그리고 그렇게 나를 보면 볼수록, 깨어나면 날수록 그 답은 계속해서 변화될 것입니다.

'나는 나를 보고 있는 사람이다.', '나는 나를 바꾸고 있는 사람이다.' 등으로 말입니다.

· 나는 왜 **호오포노포노**가 안 되는 걸까?

그렇게 하나의 질문에 대한 답이 매 순간 '나를 봄'으로 해서 진화하게 됩니다.

결국 이 질문의 답을 찾기 위한 과정이 나를 성장으로 이끌어주겠지요.

이 질문은 나를 고통과 답답함으로 이끄는 것이 아니라, 내 의식이 깨어서 나를 볼 수 있게끔 해주는 아주 멋진 도구이자 한편으로 변화하는 내 의식의 흐름을 볼 수 있게 해주는 매력적인 질문이 됩니다.

그리고 이런 멋진 기대도 해봅니다.

이번 생을 마치고 마지막 남은 의식의 그 순간,

'나는 누구인가?'라는 질문에 나는 과연 어떤 답을 하고 있을까…

지금 이 순간에도 내가 누구인지를 몰라서 답답한 분이 계시면 이렇게 시작해보세요.

'나는 누구인가?'

"나는… '나는 누구인가?'에 대한 답을 찾기 위해 스스로 고통받는 사람이다."

어느 날 친한 지인에게서 연락이 왔습니다.

몇 해 전에 돌아가신 어머니가 최근 꿈에 자주 나온다며 직접 가서 정
화를 하고 싶다고 하셨습니다. 거기에 제가 동행해줄 수 있는지 부탁을
하셨습니다.

그렇게 저는 태어나서 처음으로 공동묘지라는 곳에 가게 됐습니다.

그동안 납골당은 여러 번 갈 일이 있었으나 공동묘지에 갈 일은 없었습
니다.

외지에 있는 그곳으로 가는 차 안에서 저는 많은 생각을 하게 됐습니다.

'어떤 곳일까… 죽은 사람들이 자연 속에 묻혀있는 건데 그곳에서는 과
연 어떤 에너지가 나올까…

아마 어둡고 축축하고 아주 부정적인 에너지가 나오고 있을지도 몰라.

섬뜩하고 무서운 느낌이 가득하겠지.'

이런저런 생각들과 함께 공동묘지에 도착하게 됐고,

저는 그곳에서 뜻밖의 에너지를 느꼈습니다.

제 상상과는 다르게 그 광활한 묘지에서는 그저 포근하고 따뜻한 에너
지만이 가득했습니다.

그곳의 풍경에 어우러져 흐르는 에너지는 그저 아름답기만 했습니다.

'아… 삶이 흐르고 죽음으로 이어지는 이 여정이 자연 그 자체인 거구나. 아름다운 자연의 흐름과 똑같구나. 내가 괜한 선입견을 가지고 있었네.'

공동묘지 입구에서 사 온 생화를 그분 어머니의 묘지 앞에 올려두었습니다.
그곳에는 남은 자식들을 걱정하는 애처로운 에너지가 가득했습니다.
아마도 죽음을 맞이한 마지막 순간, 그 순간에도 그분은 본인의 고통보다 남은 자식들을 걱정하고 계셨나 봅니다.

그때 지인분이 제가 올려놓은 꽃을 쳐다보면서 이렇게 말씀하셨습니다.
"선생님, 다른 무덤들 보세요. 다 조화를 사 왔잖아요.
그래서 아까 내가 조화를 사자고 한 거였는데…
그래야 썩지도 않고 오래갈 텐데 말이에요."

"여기 방문하는 사람들의 눈을 즐겁게 하려면 조화를 사는 게 맞겠지요.
하지만 정말 어머니를 정화하고 싶은 거라면 생화를 사는 게 맞습니다.
어머니의 자식에 대한 애착은 참 따뜻하고 아름다워요.
하지만 그게 영원히 있어서는 안 됩니다. 모두를 위해서요.
어머니의 그 애착이 서서히 사라지고 깨끗해져야 어머니도 진짜 편해질 수 있고 남은 사람들도 편해질 수 있습니다.
생화가 서서히 시들어갈 때 이곳에 서린 어머니의 애틋한 에너지도 꽃과 함께 소멸해갈 겁니다."

그리고 저는 꽁꽁 잘 매인 꽃의 포장을 풀어 무덤 앞에 흩어 놓았습니다.
"선생님, 그러면 꽃들이 바람에 날아갈지도 몰라요.
포장을 잘 매서 옆에 있는 꽃병에 잘 꽂아놔야죠."

"인생이 흘러서 죽음을 맞이하고,
꽃이 시들어 소멸되고,
바람이 불면 자연스럽게 날려가고,
새가 와서 꽃잎 하나 물고가면 그렇게 하늘을 날기도 하고,
그게 신의 의도입니다. 가장 아름다운 흐름이에요.
저는 그 아름다운 흐름을 어머니에게 보여주고자 하는 겁니다.
그렇게 어머니는 바람을 타고 새의 움직임을 타고
꽃과 함께 진짜 신의 품으로 가게 될 겁니다."

다행스럽게 돌아오는 길에 지인분은 아주 기분이 좋아 보였습니다.
모든 게 홀가분하다고 했습니다.
저 또한 낡은 선입견 하나를 버리고 홀가분하게 돌아올 수 있었습니다.
신의 작품에 어두운 것은 없다는 것을 다시 한번 보게 됐습니다.

'정화와 소통' 강의를 열심히 듣고 현명하게 잘 실천하고 계신 어떤 분이, 어느 날 이런 고민을 상담해오셨습니다.

자신이 가지고 있는 능력에 비해서 인생이 뜻대로 풀리지 않아 늘 답답하게 살아왔답니다.
주변에서는 눈을 낮춰서 직업을 찾으라고 조언들을 하지만 본인은 자존심이 상하기도 해서 선뜻 나서지지 않는다고 합니다.
현실적으로 보면 내 눈에 차지는 않지만, 그 직업이라도 가져서 안정을 찾는 것이 맞아 보이는데 또 마음 한 편에서는 '내가 저런 일을 해야 해?'라는 저항이 있었던 것입니다.

그분이 ICS카드('정화와 소통 레벨3' 워크숍에서 제공되는 소통 도구입니다.)를 통해 자신의 잠재의식으로부터 들은 메시지는 다음과 같았습니다.
'새로운 시각이 필요한 때입니다. 똑같은 패턴에서 벗어나세요.'

거기에 덧붙여 제가 조언을 해드렸습니다.
예전에 저도 비슷한 상황에 놓였던 적이 있었습니다.
그때 케오라가 저에게 이런 질문을 했습니다.
"만약 예수님이나 부처님이 지금 이 시대에 환생하신다면 어떤 모습으로 어떤 직업을 가지고 있을 것 같아?"

"그거야 당연히 완벽하고 멋진 일을 하고 계시겠지. 그래서 많은 사람의 존경을 받고 계시겠지."

"그렇다면 너는 이생에서 절대 예수님이나 부처님을 만날 수 없을 거야. 그들은 아마도 가장 초라하고 볼품없는 곳에서 최선을 다해 빛을 내고 있을 거거든.

모든 사람이 보려고 하지 않는 사소한 세상의 부분을 밝히기 위해서 말이야…"

그리고 며칠 뒤 그분에게서, 그동안 본인과 어울리지 않을 거라고 외면해오던 어떤 일을 용기 내어 시작하겠다는 답이 왔습니다.

그리고 그 결심을 한 후에 다시 ICS카드를 통해 내면의 메시지를 확인했답니다.

'당신이 약하다고 느끼는 것은 당신의 착각입니다.

당신의 잠재의식은 아주 강합니다.

그리고 그 잠재의식이 바로 당신입니다.'

참 신기한 것은 며칠 뒤, 그 일을 시작하기 위해 학원을 알아보고 선택한 후에 다시 한번 ICS카드를 펼쳐봤는데 이런 메시지가 나왔답니다.

'당신이 약하다고 느끼는 것은 당신의 착각입니다.

당신의 잠재의식은 아주 강합니다.

그리고 그 잠재의식이 바로 당신입니다.'

수십 장의 카드 중에 같은 메시지가 연이어 나온 것은, 그분의 잠재의식이 간절하게 전달하고 싶은 메시지이기 때문입니다.

무슨 일을 하든, 어디에 있든 우리는 빛날 수 있습니다.

그 일이 나를 하찮게 만드는 것이 아니라, 우리가 그 일을 빛나게 할 수 있습니다.

찬란한 신성의 빛인 잠재의식이 바로 우리니까 말입니다.

내 인생의 호오포노포노

: 천사들이 들려주는 이야기

내 아이를 위한 정화

: 자녀를 사랑하는 부모들을 위한
정화 가이드북

내 인생의 날개를 펼쳐라

: 현실을 바꾸는 내면의 비밀

**나는 왜 호오포노포노가
안 되는 걸까?**

: 천사들이 들려주는 이야기 세 번째 시리즈

영혼의 매트릭스

: ICS 정화와 소통

의식을 여는 마스터키, 최면

: 메즈머리즘에서 울트라 뎁스® 까지

최면, 써드 제너레이션

: 에고를 넘어서

KMH 전문가 그룹

최면상담 사례집

: 무의식 리-프로그래밍

나는 왜 호오포노포노가 안 되는 걸까?

초판 1쇄 발행 2019년 11월 25일
초판 2쇄 발행 2023년 05월 12일

지은이 이영현
펴낸이 류태연

펴낸곳 렛츠북
주소 서울시 마포구 양화로11길 42, 3층(서교동)
등록 2015년 05월 15일 제2018-000065호
전화 070-4786-4823 | **팩스** 070-7610-2823
이메일 letsbook2@naver.com | **홈페이지** http://www.letsbook21.co.kr
인스타그램 @letsbook2 | **블로그** https://blog.naver.com/letsbook2

ISBN 979-11-6054-330-8 03190